中国脱贫攻坚
县域故事丛书

County-level Story Series on
Poverty Alleviation in China

中国脱贫攻坚
西盟故事

全国扶贫宣传教育中心 组织编写

人民出版社

图 1　西盟佤族自治县是全国两个佤族自治县之一，是《阿佤人民唱新歌》的诞生地

图 2　2019 年 9 月，国务院扶贫开发领导小组授予西盟佤族自治县"全国脱贫攻坚奖组织创新奖"称号

图 3　2019 年 10 月，国务院授予中共西盟佤族自治县委员会"全国民族团结进步模范集体"称号

图 4 以"精准扶贫"为题材的大型民族舞蹈诗《阿佤人民再唱新歌》被国家文化和旅游部评为"2018 年全国优秀现实题材舞台艺术作品"

图 5 今天的西盟佤族自治县,民族团结进步、边疆繁荣稳定、人民安居乐业,经济社会发生了翻天覆地的变化

图6　2017年，西盟佤族自治县被国家住建部列入"第二批城市设计试点城市"；2020年1月，云南省人民政府命名西盟佤族自治县为"云南省美丽县城"

目 录
CONTENTS

序言　决不落下一个贫困群众

　　说到西盟佤族自治县（以下简称西盟县），一定有几件绕不开的事：第一件事，西盟县到 1949 年时，仍处于原始社会末期，茹毛饮血，还保留着猎人头习俗。中国共产党解放西盟县后，于 1956 年，在西盟县各族各界政治协商会议上正式通过《西盟县直接过渡社会主义的决定》，直接从原始社会末期过渡到社会主义社会，结束了 3000 多年的原始社会形态，1965 年成立了西盟佤族自治县。第二件事，1950 年 10 月，西盟县的佤部落头人拉勐受到中共中央邀请，到北京参加国庆观礼。回来以后，在当时普洱县的红场，代表普洱的 26 个民族，用佤族礼喝"咒水"、剽牛，发誓世世代代跟着共产党。1951 年 2 月，拉勐与其他赴京参加国庆观礼的民族代表及中央边疆民族访问团，在西盟县佛殿山举行了"阿佤山区各民族团结保家卫国大会"，当地头人和少数民族群众代表 3000 多人参加大会。在大会上，每一个参会的人用手中的一块石头垒起了一座塔，表示跟着共产党海枯石烂不变心，形成了"民族团结盟誓塔"（是中国唯一群众自发建立）。如今，"听党话跟党走"的民族团结盟誓塔精神在西盟县大地上传扬，成为边疆团结稳定的重要精神力量。第三件事，1965 年一首《阿佤人民唱新歌》在西盟县诞生，"共产党怎么说、阿佤人民怎么做。跟着共产党，阿佤人民唱新歌"，唱遍了祖国大江南北，影响了几代人。

每天西盟县城市的上空，都会奏响这首歌曲，成为西盟县人民日常生活中不可欠缺的一部分。第四件事，西盟县过去的县城勐卡镇由于地质原因，常年受地质灾害影响。在党中央和国务院关心下，西盟县于2000年正式搬迁至新县城勐梭镇。经过20多年的建设，特别是党的十八大以来，西盟县城市建设进入了快车道。按照习近平总书记"记得住乡愁"的要求，坚持把民族文化、生态环保与现代城市紧密结合，提出"为民建城、与民共享"，打造出了一座极富民族文化特色的现代化边境美丽小城，成为全国山地小城镇建设的典范，树立了良好的国门形象。第五件事，脱贫摘帽。2019年4月30日，对9.66万名西盟人民来讲是无比自豪、无比重要的一天。这一天，云南省人民政府召开新闻发布会，向全国、全世界宣告：西盟县与云南33个贫困县一道退出贫困县序列，西盟县率先在"直过民族"地区实现脱贫摘帽，结束了延续3000多年的贫困状态，兑现了党的"绝不让一个兄弟民族掉队、决不落下一个贫困群众"的庄严承诺。西盟县70多年的发展，跨越了3000年，是共产党领导下边疆少数民族地区发展的最生动写照。

70多年来，西盟县人民一心向党、始终不渝。究其原因，是中国共产党坚持了为人民谋幸福的初心、为中华民族谋复兴的使命，党的民族政策符合边疆和民族地区发展实际，让少数民族地区人民群众切切实实感受到了，跟着共产党，生活越来越好。70多年来，一拨又一拨的共产党人践行党的宗旨，扎根边疆，为扶贫工作付出了艰辛的努力。党的十八大以来，消除绝对贫困的工作进入了最后的攻坚阶段，扶贫力度空前加大，社会主义集中力量办大事的优越性，让扶贫工作得到持续推进，资金、资源、人力都向贫困地区汇集，贫困地区在短短几年内发生了惊人的变化，群众与党的关系更加紧密，听党话跟党走的信心和决心更加坚定，边疆日趋繁荣稳定，党的执政基础得到进一步夯实，治理能力得到进一步提升。

西盟县自然气候条件优越、生态环境优美，但由于地处偏远，这里曾经几乎与世隔绝，社会发育程度低。新中国成立后，西盟从原始社会末期一步跨越到了社会主义社会。经过多年的发展，西盟虽有了翻天覆地的变化，但由于基础较差，发展仍然较为滞后。西盟的贫困，属于典型的素质型贫困。解决素质型贫困，既要修路架桥，缩小与外界物理上的距离，加强与外界的沟通交流；也要发展产业，提升群众对于资源的利用能力，提高可持续发展的能力；更要加强教育，增强群众自我发展的信心，阻断贫困的代际传递，真正过上现代文明生活。"决不落下一个贫困群众"，这是党中央交代的重大政治任务，也是向群众立下的铮铮誓言。

西盟县通过加强党对脱贫攻坚工作的领导，充分发挥社会主义制度集中力量办大事的优势，集中人力、财力、物力和智力合力攻坚，着力解决"两不愁三保障"突出问题，群众收入、住房、医疗、教育等都有了巨大提升。西盟通过脱贫攻坚工作，农村面貌发生了翻天覆地的变化，短短几年就创造了奇迹。我们更加坚信，只要我们按照中央要求，辅之以精准措施，就会生根开花，结出丰硕成果，就会带动更多的群众走出贫困，走向更美好的生活。

"消除贫困"，这铿锵有力的四个字，体现的是中国共产党前所未有的自信和攻坚拔寨的决心。这既是中国共产党向世界作出的庄严承诺，也是中国共产党的历史担当，更是在中国共产党领导下，中国走向繁荣富强的有力象征。"精准扶贫"，是新时代中国共产党消除绝对贫困的最优方案，既解决了贫困问题，也解决了发展问题。在世界各国都为减贫而努力的大背景下，在中国广袤农村进行的这场脱贫攻坚战，为世界各国输出了中国智慧和中国方案。西盟有信心有底气向全世界展示中国的脱贫成效，讲好中国精准扶贫、精准脱贫的西盟故事，展示中国的国门形象。

第1章

一个承诺

习近平总书记在中央扶贫开发工作会议上强调:"脱贫攻坚已经到了啃硬骨头、攻坚拔寨的冲刺阶段,必须以更大的决心、更明确的思路、更精准的举措、超常规的力度,众志成城实现脱贫攻坚目标,决不能落下一个贫困地区、一个贫困群众。"

"绝不让一个兄弟民族掉队、决不落下一个贫困群众。"——这是党中央交给的重大政治任务,也是西盟县委县政府向群众立下的庄严承诺。

第一节　歃血盟誓　一心一意跟党走

喝"咒水"、"剽牛"　一心一意跟党走

1950 年中共中央决定，从各地兄弟民族中选派代表，到北京参加首次国庆盛典。然而，由于刚解放，受到境内外反动势力蛊惑影响，普洱少数民族代表都存在种种顾虑，担心到了北京会被杀头，便提出各种借口推辞此行。

班箐佤部落头人拉勐，是头人中的代表人物。在长期被国民党反动派欺压后，拉勐得出的教训是：石头不能做枕头，汉人不能交朋友。

边疆工作委员会来人几番动员拉勐参加国庆盛典，他几番回挡，继而提出："把一个人押在我的寨子，要是我回不来，按佤族的规矩，就得把这个人杀了。"

竹塘区区长龚国清为了让拉勐进京参加国庆盛典，把年仅 15 岁的儿子龚兆东，送到拉勐家做人质。拉勐没想到区长真押了人，没有理由再推辞，才同意走出阿佤山。但他说，第三次月亮圆的时候，他一定要回家，如果不把他送回来，就要用孩子的人头祭祀。于是，普洱 43 名土司、头人和代表组成观礼团参加了国庆观礼。

拉勐坐汽车、坐飞机走出佤山，每到一个地方，人们都告诉他，这是中国，是共产党的天下。

图1-1　拉勐在宁洱红场剽牛

图1-2　民族团结誓词碑

拉勐到了北京，那个"大寨子"，金光闪闪，望不到边，简直有几百个班箐部落大，拉勐以为他来到了天堂。看着无数人敲锣打鼓欢迎他们，拉勐像做梦一样迷糊，心里肃然起敬。

10月3日，毛主席亲切接见普洱区兄弟民族代表，拉勐向毛主席敬献了佤族剽牛用的梭镖。当毛主席和拉勐握手时，关心地说："听说你们佤族有砍人头祭谷的习惯，可不可以不用人头，用猴头、老鼠头来代替？"拉勐当即表示，回去以后要和大家商量着改。

中央安排观礼团接着赴天津、南京、上海参观，从重庆顺路返回。边疆大山里的头人们没被抓、没被杀，还带着党中央、毛主席的亲切关怀和温暖回来了。拉勐逢人就讲："共产党说到做到，中国共产党！我拉勐跟定了！"

12月26日，观礼代表团回到宁洱的第二天即出席普洱专区第一届兄弟民族代表会议，拉祜族代表李保提出用"佤族礼"喝"咒水"、"剽牛"仪式，来表示各民族团结跟党走的意愿。拉勐又提议，要用大石头把"咒语"（誓词）镌刻在上面，表示各民族团结一家海枯石烂不变心，得到大家的赞同。

1951年元旦，全体代表在宁洱红场庄重地举行了26个民族参加的"剽牛"仪式。拉勐一枪刺中水牛，剽口朝上，牛头倒向了南方。拉勐高兴地在地上打起了滚，高喊："毛主席万岁！共产党万岁！"

党政军领导与各民族代表喝了"咒水"，各民族代表在民族团结碑刻下了自己的名字，并一起庄严宣誓："我们，26种民族的代表，代表全普洱区各族同胞，慎重地于此举行了剽牛，喝了咒水。从此我们一心一意，团结到底，在中国共产党的领导下，誓为建设平等、自由、幸福的大家庭而奋斗！此誓。"

在第三次月亮圆的时候，拉勐回到了班箐。他羞愧地放了龚区长的儿子，表示再也不会做这样不近情理的傻事了。

图1-3 拉勐纪念碑

后来敌人对拉勐进行了各种诱惑、威胁，企图要他背叛共产党。拉勐骄傲地对敌人说："我喝过咒水，盟过誓，我的名字已经刻在石头上了。我是共产党的人，决不会跟你们走！"

拉勐率领部落群众，将敌人赶出班箐，勇敢地保护了自己的家园，捍卫了自己的信仰。

70 多年过去了，拉勐的生命融入了阿佤山的泥土，而"一心一意跟党走"的誓言早已刻在全县各族人民的心里，融进了血液里。

垒石盟誓 海枯石烂不变心

新中国成立初期，蒋残匪与云南地区少数反动头人相互勾结，利用民族矛盾，挑拨离间、造谣煽动、实施破坏，当时西盟民族矛盾冲突激烈，各部落间经常发生械斗。

1951 年 2 月，当地头人和少数民族群众代表 3000 多人，在西盟县佛殿山举行了"阿佤山区各民族团结保家卫国大会"。

在大会上，每一个参会的人用手中的一块石头垒起了一座塔，立下"佤山各族人民像这些石头一样紧紧抱在一起，永远听共产党的话，永远跟着共产党走，海枯石烂永不变心"的誓言，形成了"盟誓塔"（是中国唯一群众自发建立）。自此更加坚定不移跟党走，团结一心保家卫国，坚决与敌外势力作斗争。

1951 年 5 月 13 日，窜入缅甸的 200 多名国民党残匪纠集了上千名地霸武装攻陷了西盟区政府，唐煌等 11 名烈士壮烈牺牲。国民党残匪对"盟誓塔"进行了破坏，妄图抹掉各民族团结一心跟共产党走的历史。"文化大革命"期间，"盟誓塔"被作为"四旧"之一再次遭到毁坏。国家稳定后，县里对"盟誓塔"进行了修复，改称"民族团结盟誓塔"。1998 年 11 月，云南省人民政府将佛殿山佛房遗址列为第五批省级文物重点保护单位，"民族团结盟誓塔"作为省级文物重点保护单位的重要组成部分被保存下来。

图 1-4　西盟各族群众在"民族团结盟誓塔"前载歌载舞欢庆民族大团结，听党话、跟党走的誓言海枯石烂永不变

"盟誓塔"形成后 70 多年的时间里，每年的正月初九开始，西盟、孟连、澜沧等地的各族群众就会自发地聚集在这里，对塔进行顶礼膜拜，载歌载舞欢庆民族大团结。重温"佤山各族人民像这些石头一样紧紧抱在一起，永远听共产党的话，永远跟着共产党走，海枯石烂永不变心"的誓言。

跟着共产党　阿佤人民唱新歌

建政前夕，西盟的村村寨寨、山山岭岭，在自治县筹备委员会的领导下，在解放军以及民族工作队的大力支持和引导下，到处呈现出

图 1-5　杨正仁根据佤族民歌《白鹇鸟》的音乐旋律创作了《阿佤人民唱新歌》

一派生机勃勃的建设发展景象。西盟大地春意盎然，阿佤人民在这块亟待开发的热土上憧憬着、耕耘着，满怀希望地在那特定的历史时期奋力前行着。

1961 年 8 月，18 岁的杨正仁于昆明师范学校毕业，从小就怀揣当兵梦想的他报名参军到了部队，经过紧张的集训再经过 8 天的艰苦跋涉，他来到了服役的第一站——西盟。在这里杨正仁感受到了一个"直过民族"在党的光辉照耀下迫切追求幸福美好生活的强烈愿望。

服役初始，担任通信兵的杨正仁，主要任务是负责架设电话线，这使他有机会走遍了西盟佤山的村村寨寨。白天抬电杆、拉电线，晚上他就在寨子里收集佤族民间音乐，那时群众见到解放军都很高兴，大家都要围着篝火打歌、跳舞。在收集的过程中，他深入地了解到佤族的历史，从刻木记事、刀耕火种的原始社会一步跨入社会主义社会，他亲身感受到佤族群众对美好生活的向往，亲眼看到佤族人民对解放军、对共产党的热爱。在西盟有一首民歌这样唱"太阳光照到背阴坡，共产党的话甜进心窝窝"，西盟人民对共产党的热爱之情像血液一样流淌于心、流露于情……佤族人民深深地感动着杨正仁，他下决心要为他们写一首歌，一首能表达佤族人民精神面貌、歌唱佤族人民新生活的歌。

杨正仁根据佤族民歌《白鹇鸟》的音乐旋律创作了《阿佤人民唱新歌》，"共产党怎样说，阿佤人民就怎样做；跟着共产党，阿佤人民唱新歌"，唱遍了祖国大江南北，表达了西盟各族人民世世代代感党恩、听党话、跟党走的信心和决心。

第二节 茹毛饮血 "直过民族" 千年贫苦

新中国成立初期，西盟县仍处于原始社会末期，茹毛饮血，还保留砍人头的旧习俗。世居佤族、拉祜族，直到1956年才从原始社会末期、奴隶社会初期直接过渡到社会主义社会，是典型的"直过民族"地区，集边疆、民族、山区、贫困于一体，在云南乃至全国来说都属于贫困程度最深、脱贫难度最大的地区之一。

当时，西盟县人均纯收入不足60元，排在云南省最末尾，年平均生产粮食120公斤，80%以上农户缺粮半年左右，长期过着刀耕火

图1-6 新中国成立初期，佤族还处于原始社会末期，刀耕火种、茹毛饮血，还保留猎人头的旧习俗

图 1-7　食不果腹，饥一顿饱一顿的贫穷生活

种、男猎女织和衣不遮体、食不果腹，饥一顿饱一顿的贫穷生活，吃饭靠天、生病靠"巴猜"杀鸡问卦，住的是茅草房、杈杈房，走的是泥泞的羊肠小道，生产生活条件极为落后。

按照中共中央"慎重稳进"的方针，决定不在西盟地区搞土地改革，实行"直接过渡"政策。1952 年，共产党第一支解放军战士和地方工作队正式进驻西盟，组织群众开水田、修水利，粮食生产逐年增长，群众生活有所改善。1956 年，在西盟县各族各界政治协商会议上正式通过《西盟县直接过渡社会主义的决定》，西盟直接从原始社会末期过渡到社会主义社会，废除了砍人头、种罂粟等旧习俗，实现了没有经历其他社会形态的历史性跨越。在共产党领导下，西盟先后修通了第一条公路，修建了第一所学校、第一个医院，西盟人民第一次真正与外面世界接触，在中国共产党的民族政策光辉照耀下获得了新生。

图 1-8　1952 年，共产党第一支解放军战士和地方工作队正式进驻西盟

1986 年和 1994 年，西盟县先后两次被国务院扶贫开发领导小组办公室认定为"国家级扶贫开发重点县"。先后经历救济式扶贫、"八七"扶贫、"九五"扶贫、2011 年至 2013 年扶贫开发等扶贫阶段，但由于西盟县经济社会发展基础差、底子薄、起步晚等历史原因，农村发展基础极度薄弱、生产生活条件极度落后、农民群众增收致富极度困难。

西盟贫，贫在交通条件落后。"交通基本靠走，通讯基本靠吼"，"看见屋走到哭，望着山走得瘫"，这曾是西盟群众出行难的真实写照，道出了西盟农村交通基础设施落后的现状。由于地处边疆，地形复杂，道路修建任务艰巨，直到 1956 年 10 月 1 日募西公路建成通车，从此西盟告别了无公路的历史。但即便到今天，西盟县在建成农村公路后，县内依然没有高等级公路，交通瓶颈依旧掣肘着西盟的脱贫攻坚。

从西盟县成立到80年代：救济扶贫

西盟县地处山区，生产力低下，自然灾害频繁，农村长期处于贫困状态。从西盟县区成立到80年代，采取救济扶贫，乡各族人民发放救济款和布匹、食盐、粮食、籽种、农具等救济物资。

"八七"扶贫

1994 — 2000年，是西盟县"八七"扶贫攻坚年，工作中创新扶贫方式，由原"输血"单纯扶贫方式向"造血"创新扶贫功能转变。先后组织实施以支援经济不发达地区发展资金、专项扶贫贴息贷款、攻坚乡农田水利基本建设、少数民族特困地区扶贫综合开发、扶贫重点贫困村、农村妇女小额信贷、畜牧扶贫、安居工程、脱贫奔小康试点村、"7+8"温饱试点村、温饱试点村等项目为主的扶贫方式。

"九五"扶贫

2001 — 2005年，西盟县在扶贫开发工作的实践中，探索出一条"安居+温饱+社区发展＝脱贫致富"的扶贫新路子；创造了"苦熬不如苦干"的嘎娄精神；总结出了"干部包村+社会扶贫+全民参与"的新举措；较好实施"白玉兰安居温饱工程"等扶贫攻坚项目。

2011-2013年的扶贫开发阶段

扶贫标准大幅度上调	目标任务的新变化	大幅度提高资金投入
扶贫重点的新变化	政策体系的新变化	主要措施的新变化

2014年以来的精准扶贫精准脱贫时期

2014年以来，西盟扶贫开发全面转入精准扶贫精准脱贫时期，扶贫对象识别和动态管理、帮扶措施、项目和资金管理、脱贫考核等全过程进一步精准。精准扶贫精准脱贫，改变和创新了扶贫方式，在治理结构、资源整合、配置和使用、监督和考核等多个方面带来了革命性的变化。

精准识别扶贫对象。2014年，西盟县共识别出2013年末建档立卡贫困户8893户贫困人口29563人、贫困村34个、贫困乡467个。2015年，西盟县建立卡贫困人口数据库的基础工作完成，为精准帮扶、精准管理、精准考核提供了依据和基础。

精准扶贫战略目标。以县为单位分年度制定到村到户扶贫攻坚计划，确保到2020年实现脱贫（全县2.95万贫困人口全部脱贫，基本消除绝对贫困）、摘帽（2018年贫困县脱贫摘帽，4个贫困乡34个贫困村出列）、增收（贫困县农村常住居民人均可支配收入增幅高于全省平均水平，到2020年达到10000元以上）三大目标。

创新帮扶方式，完善帮扶政策措施。实施产业帮扶、安居建设、基础设施、基本公共服务社会保障、能力素质提升、金融支持六个到村到户，实施产业扶贫、就业扶贫、安居扶贫、教育扶贫、健康扶贫、生态扶贫、志智双扶、基础提升、兜底扶贫"九大攻坚战"。并不断尝试和推进资产收益扶贫、光伏扶贫、电商扶贫等新型扶贫方式。

改革和完善扶贫资金项目的管理机制，实施涉农资金整合。建立健全财政专项扶贫资金稳定增长机制、以结果为导向的资金竞争性分配机制、资金拨付和精准使用机制。改革资金拨付、使用和项目审批制度，全面实行资金、项目、权利、责任"四到县"制度。进一步完善扶贫资金监管机制。

创新和完善了精准扶贫工作管理机制和运行机制。建立健全了乡镇党政领导干部考核评价机制，把贫困人口变化率、城镇居民人均可支配收入及增长率、农民人均纯收入及增长率等作为重要指标，纳入领导班子和领导干部综合考核评价以及县域经济发展争先进位评价体系，制定了贫困村和农户的动态退出机制，明确了退出标准、程序和时间表。

创新社会参与机制。2015年以来，西盟县启动并不断完善"挂包帮""转走访"工作，建立健全了"领导挂点、部门包村、干部帮户"定点挂钩扶贫工作长效机制。社会扶贫的广度和深度进一步增加，扶持资金大幅度提高，按照精准扶贫的要求进一步完善了社会扶贫的帮扶重点和方式。

资金投入大幅度提升。2014 — 2018年五年之间，西盟县扶贫资金大幅度增长，累计投入扶贫资金（不含社会帮扶资金）约49.5亿元，年均投入约9.9亿元。

图1-9　西盟县扶贫开发历程

西盟贫，贫在居住条件不安全。2014年，全县还有1.47万户贫困群众居住在茅草房、杈杈房和石棉瓦房内，人畜混居，道路不畅，村容村貌脏、乱、差，群众生活条件极差。

西盟贫，贫在产业发展不起来。西盟县长期处于落后的小农经济状态，"养牛为耕田，养猪为过年，养鸡为待客"。西盟县以传统农业为主，产业"小""散""弱"，形不成规模，科技成果应用和推广滞后，农产品加工水平低下，市场营销意识不足，产业发展依然存在诸多"短板"。

西盟贫，贫在人口素质低。西盟佤族因为没有文字，其漫长的迁徙史是通过民间记忆传承下来的，由于高山纵谷的阻隔切割，长期远离中国文化中心地带，被称为"蛮荒之地""瘴

图1-10 解放初期，骡马队运送物资的羊肠小道

图1-11 杈杈房

图 1-12 石棉瓦房

图 1-13 扫二维码观看援西老干部回忆吃穿住行情况

图 1-14 20 世纪 50 年代，西盟农业生产还处于刀耕火种、靠天吃饭的状态

图 1-15　1954 年，西盟县创办第一所小学——西盟小学

病之地"。西盟县 1954 年才开办小学，1959 年才
建初中，1972 年始招收高中生，2014 年全县人均
受教育年限仅 6.83 年。

西盟贫，贫在医疗卫生短板突出。历史上，
西盟县鼠疫、天花、疟疾流行严重，烈性传染
病时有发生，常常以"神药两解"给人治病，
只要疾病不除就反复杀畜禽"送鬼"，很多群众
因病人财两空、负债累累，农村家庭因病致贫是主要致贫因素。

2013 年底，全县有贫困乡（镇）4 个、贫困村 34 个、贫困户

图 1-16　扫二维码观
看退休老教师回忆西盟
教育情况

图 1-17 20 世纪 50 年代，卫生兵给佤族群众治疗

图 1-18 扫二维码观看老同志回忆西盟医疗情况

图 1-19 扫二维码观看老人愿望

9011 户 29563 人，贫困发生率高达 36.64%。基础设施薄弱、产业发展"小""散""弱"、群众内生动力不足、缺乏龙头企业引路、交通极其落后、很多群众还生活在茅草房、杈杈房和石棉瓦房中、农村基层党组织带动能力不强等问题十分突出，脱贫攻坚任务无比繁重和艰巨。

第三节　绝不让一个兄弟民族掉队

"绝不让一个兄弟民族掉队、决不落下一个贫困群众。"——这是党中央交代的重大政治任务，也是西盟县委县政府向群众立下的庄严承诺。

承诺是使命责任

新厂镇永广村一组的佤族汉子岩平对穷困有着特殊的记忆：儿时

父亲去世、母亲出走，他住在茅草屋，常饿肚子。长大成家后，妻子患了重病，花光了家里所有积蓄。

勐卡镇莫美村村民岩陈说，不敢提小时候的日子，那时候太穷，住茅草房，没有被子盖，晚上冷得睡不着，只能用麻袋把脚套起来。

说起过去中课镇嘎娄寨子的印象，嘎娄村党总支书记岩板直摇头，以前寨子遍地是烂泥猪粪牛粪，茅草丛生，有的懒汉甚至不洗脸、不刷牙。

勐卡镇班哲村岩东对以前的寨子还记忆犹新，他说小时候整个寨子都是茅草房，一天下午，因为电线老化短路起火，整个寨子的茅草房被烧成灰烬。那天，寨子里哭声一片，粮食烧光了、衣服烧光了，所幸没人伤亡。能住进不透风漏雨、亮堂堂的房子成了岩东的最大梦想。

贫困似一顽疾深深嵌入西盟各族人民的肌体，摆脱贫困成为他们世世代代念兹在兹的共同梦想。面对全县各族人民的殷切期盼，面对艰巨繁重的脱贫攻坚任务，兑现党中央的庄严承诺是西盟干部的使命和责任，更是鞭策和动力！

承诺是信心决心

冬至后的西盟虽然冷风飕飕，却挡不住全县脱贫攻坚誓师大会现场的激情昂扬，会场里"西盟县 2018 年脱贫摘帽动员会暨决战脱贫攻坚誓师大会"的标语格外醒目，参会人员个个群情振奋，严阵以待，等待总指挥吹响"战贫"的冲锋号。

各乡镇党委书记、相关部门负责人及村代表 14 人上台作了脱贫攻坚表态发言，郑重承诺，字字铿锵有力，表明了脱贫的信心和决心。各乡镇、各部门代表向县委、县政府递交了脱贫攻坚责任书。全体参会人员举起右手庄严宣誓：

图 1-20　西盟县脱贫摘帽动员会暨决战脱贫攻坚誓师大会现场

"以习近平新时代中国特色社会主义思想为指导，不忘初心、牢记使命，誓与贫困作斗争，誓与脱贫共荣辱，听从指挥、严守纪律，不以事艰而不为，不以任重而畏缩，团结拼搏、苦干实干，为如期实现脱贫摘帽而努力奋斗！"

铮铮誓言，响彻会场……

承诺是实干担当

"绝不让一个兄弟民族掉队、决不落下一个贫困群众。"

庄严的承诺，也是全县干部的初心和使命。

摆脱贫困的路上，西盟县始终把脱贫攻坚作为首要政治任务和第

图 1-21 西盟县城全貌

一民生工程来抓，在政治上提高站位、思想上摆在首位、行动上干在前列，实现了连战连胜、再战再捷。

2018 年，西盟县正式退出贫困县序列，率先在全国"直过民族"地区实现整体脱贫摘帽，在 2018 年、2019 年脱贫成效考核中连续 2 年排名全省第一，荣获了 2019 年"全国脱贫攻坚组织创新奖"，是全省唯一获奖的县。兑现了 2020 年西盟彻底撕掉了绝对贫困的历史标签的承诺。

第2章

一场硬仗

习近平总书记指出，脱贫攻坚本来就是一场硬仗，而深度贫困地区脱贫攻坚是这场硬仗中的硬仗。我们务必深刻认识深度贫困地区如期完成脱贫攻坚任务的艰巨性、重要性、紧迫性，采取更加集中的支持、更加有效的举措、更加有力的工作，扎实推进深度贫困地区脱贫攻坚。

"不以事艰而不为，不以任重而畏缩。"

面对贫中之贫、困中之困，西盟人民不甘落后，在中国共产党的坚强领导下，脚步从未停歇，全县各族人民通过苦干实干，摆脱了贫困，谱写了改天换地的壮丽篇章。

第一节　西盟问题

　　西盟贫困程度之深、脱贫难度之大，就像西盟的重重大山阻碍着社会的发展进步。引起西盟贫困的原因很多，大至每个乡镇、小至每个农户，更多的不是单一型的贫困，而是多种因素致贫的复合型贫困。阻碍西盟县贫困人口脱贫的主要障碍是"一不怕、二偏低、三不够、四滞后、五困难和十问题"等主要困难和问题。

"一不怕"

　　"不怕穷""穷不怕"。部分贫困群众存在的"不怕穷""穷不怕"和"比穷不比富"的旧思想，缺乏思发展、谋发展、干发展的信心和决心。同时，有的贫困群众存在穷怕了不敢想、穷惯了"等靠要"的问题。

"二偏低"

　　人均受教育年限偏低和劳动者素质偏低是群众脱贫的主要短板。现有劳动者中普遍缺乏一技之长，"不会致富""不会发展"成为主要短板。

"三不够"

基层党组织引领脱贫堡垒作用发挥不够。村级党组织影响力、号召力、组织力不强，村集体经济发展严重滞后，带领致富的凝聚力不强，党员在群众中的威望不高，党员先锋模范作用发挥不明显，基层党组织引领脱贫堡垒作用发挥不够。

部分贫困群众主动脱贫的积极性不够。群众幸福需求低，存在"小进即满""小富即安"的思想，"我要脱贫"的观念没有根本确立。

部分贫困群众发展意识和能力不够。西盟县属典型"直过民族"地区，长期以来，受群众素质低、生产方式落后、积累意识淡薄、发展意识和能力不够等客观条件制约，扶贫项目落地难。

"四滞后"

基础设施建设滞后。乡村道路硬化、生产生活用电、广播电视、村村通宽带、安全饮水以及农村亮化工程、村寨排污系统建设、垃圾处理等基础设施都十分滞后。

支柱产业发展滞后。部分乡镇缺乏支撑贫困人口持久稳定增收的产业，支柱产业没有做到村村覆盖、户户受益。

协调联动滞后。在实施"一村一品"产业发展的过程中，乡镇与乡镇之间、村与村之间存在"各吹各打"的现象，规模小、质量低、销售难，没有形成区域协调联动发展的态势。

社会事业发展滞后。农村医疗卫生事业滞后，部分村没有标准的卫生室，执业医生水平低；农村公共文化活动场所建设滞后，没有实现每一个村民小组都有文化室和篮球场，已经建设的场所管理差，使用效率不高；农村教育发展不均衡，学前教育严重滞后。

"五困难"

贫困人口素质提升困难。农村劳动者文化素质偏低，学会一技之长难度大；劳动技能培训覆盖率不高，与每户有 1 名以上致富能手、人人掌握基本劳动技能的差距大。

义务教育均衡发展困难。学校校点布局过于集中，群众在义务阶段的投入（交通费）过大；学前教育发展滞后，农村孩子接受学前教育难。

发展产业带动脱贫困难。农村还存在大量的产业空白村空白户，没有解决户户都有支柱产业覆盖的问题；产业质量低，提质增效难度大，无法发挥支撑贫困户稳定持久增收的作用。

特殊人群自主脱贫困难。残疾人家庭、无子女家庭、重病家庭等特殊人群脱贫困难，社会保障兜底脱贫任务繁重。

生产生活方式转变困难。大部分群众放不下"吊脚楼、热火塘"和"楼下牛铃响"的情结，新房旧貌普遍存在。

"十问题"

群众持续增收、稳定增收难的问题。西盟县以传统农业为主，规模小，农产品加工水平低下，市场营销意识不足，群众持续增收、稳定增收难。

孩子"不爱上学"的问题。控辍保学难度大，义务教育阶段孩子辍学、厌学等情况不同程度存在。

"绿水青山"转换为"金山银山"的问题。西盟县拥有良好生态环境，全县森林覆盖率达 70.13%。有着丰富的光、热、水和生态资源条件，但如何将生态资源优势转化为经济发展优势是发展中的难题。

"大水漫灌""手榴弹炸跳蚤"的粗放式扶贫问题。农村安居工程建设如何避免"分散改造"中出现的指向不明、针对性不强、改富不改贫等问题，让扶贫资源"到村到户到人"，形成了具体、细化、全面和系统的工作运行流程和体系，使"精准安居"工程建设高效、有序推进，这是西盟县安居工程建设中的难题。

"单打独斗"、扶贫力量"碎片化"的问题。在以往扶贫工作中存在各自为政、单打独斗，导致扶贫力量分散"碎片化"、收效甚微、反复投资、多重扶贫的现象。

安居工程建设时间紧、任务重、筹资难的问题。西盟县农村危房改造安居工程和易地扶贫搬迁工作任务，时间紧迫，任务繁重而艰巨。面临：配套资金难以落实，群众自筹能力不足，工程建设融资困难；开展大规模集中建设，建材物资需求量大，部分建材物资供应不足；等等问题。

"新房旧貌"、发展不平衡的问题。许多贫困群众存在着住进了新居，仍然沿袭着不爱洗衣、不爱洗被、不爱洗澡的"脏乱差"陋习；房前屋后垃圾遍地，柴火、衣物、生产工具杂乱无章。

群众内生动力不足的问题。随着脱贫攻坚力度的推进，部分群众生产生活条件不断提高，基础设施得到较大改善，然而群众依赖思想依然存在，国家意识和集体观念逐渐淡漠，缺乏自力更生精神，"干部干、群众看""靠着墙根晒太阳、等着别人送小康""争当贫困户"等现象日渐突出，久而久之便只想"获得"不讲付出，"等靠要"等被动脱贫思想导致内生动力不足。

农村组织化水平低的问题。农村利益关系缺乏有效的整合，农村社会组织之间缺乏适当的衔接，国家的一系列强农惠农政策难以真正落到实处。同时，由于组织化程度较低，"小规模、分散化"的家庭经营导致农户与市场、生产与技术之间缺乏有效联系，制约了农业的产业化、专业化和规模化，制约了乡村振兴。

乡村治理缺乏有效抓手的问题。村委会和村党支部组织的治理效能不理想，村民自治权威受到挑战，乡村治理没有行之有效的抓手，没有发挥应有的组织功能。村规民约形同虚设，无人监管、无人执行，不良风气盛行、陈规陋习普遍存在。村级组织凝聚力、号召力、战斗力不强。

面对挑战、面对问题，找准阻碍脱贫的障碍，就找到了奋斗的目标，找准了前进的方向。2013 年以来，为全面摸清全县贫困底数，扣好精准扶贫第一颗"纽扣"，西盟县先后开展多轮精准识别动态调整工作，做到贫困户和非贫困户摸底调查"全覆盖"，确保符合条件的贫困对象不漏一户、不落一人，实现贫困对象应纳尽纳、应退尽

图 2-1　错综复杂、千头万绪的西盟问题

退、应扶尽扶。同时，严格按照脱贫出列标准，认真分析研判，全面准确掌握贫困人口的规模、分布以及居住条件、就业渠道、收入来源、致贫原因等情况，为精准帮扶奠定坚实的基础。

第二节　西盟战法

脱贫攻坚战既是战场、考场，更是一场攻坚战、系统战、精准战、配合战、资源配置战，考验的是各级领导干部执行力、战斗力和创造力。西盟县认真贯彻习近平总书记"探索可复制的经验"重要指示精神，聚焦影响政策落实的"最后一公里"，以"军令如山、行有章法"的攻坚战法，大胆改革创新，探索出一系列精准管用的"西盟战法"。

探索建立了脱贫攻坚责任、政策、工作、投入、帮扶、动员、督查、宣传、学习"九大体系"，为打赢脱贫攻坚战提供了坚强制度保障。

探索实施了"产业项目全覆盖、龙头带动全覆盖、利益联结全覆盖、技术培训全覆盖""四个全覆盖"产业扶贫模式，闯出一条符合边疆少数民族地区产业扶贫新路子，连续 4 年在全省产业扶贫大会上交流发言，入选"全省产业扶贫与乡村振兴衔接工作示范县"。

率先在全省启动农村"安居工程"建设，针对农村危房如何改造、如何补助、如何鉴定等问题，首创提出"六个破解"工作法，2015年 7 月 30 日，全省农村危房改造和抗震安居工程启动大会在西盟县召开。

积极探索"交通规划先行、财政投入拉动、群众投工投劳、道路通行安全"的"四轮驱动"交通建设模式，全县公路总里程达 2443

图2-2　西盟县着力构建起以橡胶、甘蔗、茶叶、畜牧、文化旅游为主导产业，以咖啡、西盟米荞、冬季农业为特色产业的"5+X"产业扶贫格局

公里，较2014年增长1.98倍，率先在全市实现"组组通""户户通"水泥硬化路。

创新推出"学校为阵地、师生为纽带"的青少年毒品预防教育校园守护"十个一"做法，得到云南省政府有关领导和普洱市委主要领导的高度肯定，普洱市禁毒防艾工作暨"禁毒防艾进校园"活动现场会在西盟县召开。2019年，西盟县人民群众安全感、满意度排名全省第6位、全市第1位，连续多年排名全省前列。

探索实施了就业扶贫"3+1"服务激励机制，"佤族艺人"被称

图 2-3　2015 年 7 月 30 日，全省农村危房改造和抗震安居工程启动大会在西盟县召开

图 2-4　"四轮驱动"交通建设模式为全县脱贫攻坚提供坚实的交通运输保障

图 2-5　西盟县青少年毒品预防教育校园守护"十个一"——禁毒防艾拍手操

图 2-6　佤族织锦

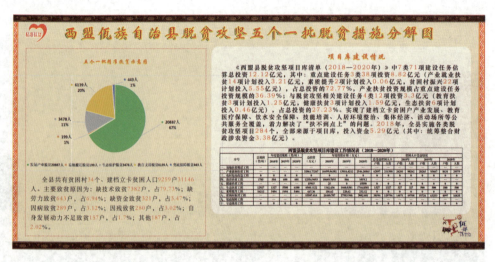

图 2-7　五个一批脱贫措施分解图

党建头条 深入学习贯彻习近平新时代中国特色社会主义思想 学习贯彻党的十九届四中全会精

党建研究网 》》《党建研究》杂志 》》2020年 》》第5期

重要文章

党建引领精准脱贫　阿佤人民再唱新歌

中共云南省西盟佤族自治县委

　　西盟县是《阿佤人民唱新歌》的诞生地，1956年从原始社会末期、奴隶社会初期直接过渡到社会主义社会，属于贫困程度最深、脱贫难度最大的地区之一。党的十八大以来，西盟县深入贯彻落实习近平总书记关于扶贫工作重要论述，坚持以党建引领脱贫攻坚，切实把党的政治优势、制度优势、组织优势和群众优势转化为脱贫优势，把扶贫对象转化为扶贫力量，率先在"直过

关键时刻冲得上去 危难关头

蓄得出来

为打赢疫情防控阻击战提供坚

强组织保障

发挥基层治理创新优势 筑牢

群防群治坚……

切实加强党的领导 坚决打赢

疫情防控斗争

图 2-8　《党建引领精准脱贫　阿佤人民再唱新歌》等多篇脱贫攻坚理论文章在国家级刊物发表

为云南"四大劳务品牌"之一。2019 年，普洱市推进农村劳动力转移就业工作现场会在西盟召开。

在全省率先建立预防返贫动态监测和帮扶机制，从加强动态监测、实行清单管理、强化重点帮扶和实行兜底保障四个方面入手，全方位防止返贫现象发生，进一步巩固提升脱贫成效。

对西盟县精准扶贫、精准脱贫的实践进行总结分析和理论研究，出版《精准扶贫·中国方案与西盟实践》一书，《党建引领精准脱贫，阿佤人民再唱新歌》《培养"五种思维"，提升脱贫攻坚领导力》等多篇脱贫攻坚理论文章在国家级刊物发表。

搬进新房，终圆千年安居梦

历史很长，但关键处却往往是几步。对于西盟群众来说，从茅草房到砖瓦房，这一变化，等待了千年。

挪出"草窝窝"

西盟有个佤族寨子叫王莫，过去只要说到王莫，联想到的两个字就是"贫穷"。

今年 32 岁的岩方，是王莫村委会主任。现在岩方全家住在一栋两层高、200 平方米的新房里，楼上楼下，家居设施等一应俱全。

过去，岩方家 5 口

图 2-9　勐梭镇王莫村脱贫前人畜共居的茅草房

人住在一间不足 60 平方米的茅草房里，木桩扎在山坡上支起框架，四周用木板围起，屋顶盖着茅草，楼上住人，楼下养牲畜。

"以前，火塘、床铺都在一个屋里，屋底下牲畜粪便的味道顺着地板缝往上蹿，墙板缝能塞进手指头，冬天冷风呼呼地往屋里灌。这样的日子不知道什么时候是个头。"岩方说。

茅草房内没有卫生间，整个寨子只有两个公共旱厕，不仅要走 10 分钟的山路才能到达，而且卫生情况堪忧，很多村民选择在茅草房外解决，村寨里屎尿横流、鸡扒猪拱、臭气熏天。

旧时茅草房，一个火塘将屋子一分为二，紧靠火塘的一侧，冬天比较暖和，供家里的老人住；另外一侧，是年轻人的住处。长年积累的油烟凝成一条条黑色的毛絮从房顶、木板上垂下来，墙壁、板凳被

图 2-10　2014 年，西盟县还有 1.47 万户贫困群众居住在茅草房、杈杈房和石棉瓦房内，人畜混居，环境脏、乱、差，群众生活条件极恶劣

油烟熏得乌黑发亮。

火是茅草房的天敌，寨子里一般有一支"巡火队"，专门看顾各家未掩埋好火星的火塘，但是依旧不能排除所有隐患。1998 年 2 月的王莫村，因一个孩子在火塘边做饭时风将火星迸到了屋顶上，大火持续了两天，整个寨子化为灰烬。

这种居住状态，在西盟已经延续了千年。

安居！安居！对安全稳固住房的渴望就像是火塘里不熄的火苗，在群众的心里跳动着，也是全县干部肩膀上沉重的责任。

2015 年 7 月 30 日，这一天对于西盟来说，具有划时代的重大意义。

云南省委、省政府在西盟佤族自治县召开全省农村危房改造和抗

图 2-11 2015 年 7 月 30 日，云南省农村危房改造和抗震安居工程启动大会在西盟召开，拉开了西盟乃至云南脱贫攻坚的序幕

震安居工程启动大会，深入学习贯彻落实习近平总书记考察云南重要讲话精神，动员全省上下，统一思想、明确目标，齐心协力抓好农村危房改造和抗震安居工程，让农村困难群众住上"保命房""安居房"、过上好日子，为我省与全国同步全面建成小康社会奠定坚实的基础，拉开了西盟乃至云南脱贫攻坚的序幕。

群众的欢呼声、鼓掌声如潮水般响起，一双双古铜色的手紧紧相连，大家边跳边唱："村村寨寨哎，打起鼓敲起锣，阿佤唱新歌……"

一年半，18 个月，540 天。

时间紧迫，任务繁重而艰巨。

按照部署，在一年半的时间内，全县群众搬入崭新安居房。18个月，除去西盟漫长的雨季，剩下不到 12 个月。

这一年，西盟县的干部群众要合力完成过去上千年都没有完成的

图 2-12　西盟佤族自治县脱贫攻坚作战图

事，大家心里没底。

"在这场终结千年茅草房历史的决战中，历史选择由我们完成临门一脚，党中央、省委、市委交给我们的责任重大！"西盟县委书记杨宇当时给全县干部职工鼓劲。

县委常委包乡镇，县处级干部包村，部门包组，干部包户。带着无比坚定的信念，全县干部群众朝着一个目标奋勇前进。

困难比想象中的大。

西盟县是一个集革命老区、民族地区、边疆地区、欠发达地区为一体的经济欠发达地区，基础差、底子薄、自我发展能力弱。虽然建盖新安居房有政府补助，但很多家庭自筹能力极弱，群众长年没有积累意识，更没贷款意识。

勐梭镇班母村十组在实施安居房项目时，困难重重。

图 2-13 班母村十组爬街佤族寨旧址

"在实施班母村十组爬街佤族寨的安居房项目时，镇党委经过多次研判讨论，最终决定整组选址再建，旧址村落较为拥挤，无法铺设入户路，不利于未来发展，但是选址再建就要占用村民原本的茶地和甘蔗地，综合评估下来，镇党委从长远发展角度，选择啃硬骨头。"勐梭镇党委书记王建华带着班子对每一个寨子做了建房规划，最终决定班母村爬街佤族寨整组选址再建。

好政策来了，施工队也进来了，群众却不乐意了。虽然旧址不利于发展，但要在新地基上盖房子，要占用各家各户20多亩生产用地，镇里的领导带着村组干部每天入户做工作，但没有一户愿意搬。

"要做出效果图给群众看。光用嘴说，群众永远不明白以后车子开到家门口是什么感觉，我们得看图说话。"勐梭镇镇长杨巍站在寨子里唯一一块牛踩出来的平地上说。

效果图做出来了，驻村工作队员和村组干部挨家挨户地做工作，白天怕耽误乡亲们干活，晚上打着手电筒去，在火塘边看着图纸和乡亲们畅谈住进新房后的好生活……寨子里的老组长岩对原本已经在原址推出了新地基，但是听着工作队员和村组干部的描述，又看了图纸，他决定带头尝试。现任组长岩根也同意了选址再建："我们以后搞生产，三轮车、货车都要开到家门口，要是在现在的地基上盖房子，是永远不可能的。"有了新老组长的示范带动，一家、两家、三家……75户人家里74家都开始在新址施工了。

"我不搬，你们搬完了我也不搬。"岩甩在寨子里是出了名的倔强，工作队员怎么做工作他就是不同意搬。

岩甩在外务工的儿子岩东回来了，工作队员第一时间和岩东沟通，岩东看着寨子里新建的房子和自己在外打工时羡慕的城市里的房子一样，睡觉有单独的房间，不是在火塘边；厕所就在卧室隔壁，还是可以冲水的……岩东一口答应搬迁，开始做父亲岩甩的工作，岩甩也动摇了，但是在新址上没有地建房的他又犹豫不决。为了让岩甩彻底打消顾虑，工作队员找到了村民岩松，论辈分岩松还是岩甩的舅

图 2-14　班母村爬街佤族寨安居房

爷，岩松主动把自己的地让给岩甩家建房，寨子里的群众都愿意到岩甩家帮工建房，岩甩终于点了头。

75 户，爬街佤族寨整组安居房建设项目如期完成。

寨子搬迁后，爬街佤族寨成了全村私家车最多的寨子，宽敞的场院派上了用场。当时第一户搬迁的岩对的儿子迎娶了最后一户搬迁的岩甩的女儿，结成了亲家。

全县一万多套房子几乎同时开工，而全县只有两个砖厂，建筑材料从哪里来？

不提前统筹想办法，安居工程就不能如期完成！

当时除了西盟县，周边的澜沧县和孟连县也同时建盖安居房，周围县市的砖厂和沙厂都供不应求，西盟县副县长王童带着物资采购组的人员，到澜沧、孟连、双江等地找砖找沙找钢筋找水泥，最远的找到了 8 小时车程之外的县城。

"感觉当时在'抢砖''抢沙'，有的砖厂和沙场看到我们是外县的，不想卖给我们，有的砖厂虽然卖但要提高价格，我们一方面要保障能够买到足够用的建筑材料，更重要的是要压低价格，保证群众的利益。王童副县长带着我们找到各地分管企业的部门，由他们出面和我们一家一家地讲价，好多时候为了每块砖少 5 分钱磨破了嘴皮。建筑材料最紧缺的时候，我们一个人负责一个供应点，从早到晚监督着砖厂加班加点给我们生产，砖厂的工人开玩笑说我们是最厉害的监工，比他们老板都严格。"西盟县安居办物资采购组陈晓文回忆说。

"记得有一次到澜沧江边去拉沙子，上沙的人搞小动作，方量不足，一般人很难看出，但被采购组的岩刚发现了，他严肃地说：你们想蒙谁？给是不想要钱噶？给信我举报你们。他们才老老实实地补上。事后上沙的工人说想着在政府办公室的人怕是不懂，想蒙混过关，没想到个个都是火眼金睛，

图 2-15　挂包干部、党员带领群众抢修道路

图 2-16　全县上下团结一致，全民参与筑梦安居

以后不敢搞这些小动作了。"县安居办副主任李士昌说，西盟县共计筹集红砖 2.5 亿块，沙 150 万吨，最大限度地保障了建筑材料的供应。

雨季还没有过去，很多寨子的道路还没有完成硬化，建筑材料运不进寨子，挂包干部、党员带领群众连夜冒雨修复进村的道路……

这雨不停，西盟的干部群众更不会停。

"这场战役，锻炼了我们的队伍。"西盟县委书记杨宇说，"打赢了这一仗，以后恐怕没有什么工作能难倒西盟的干部。"

回忆起那段时光，西盟干部职工热泪盈眶，大家都说"人这一辈子，能遇到这样的大事，机会不多，多少年后回忆起来，都会感到自豪。"

盖起新房子

"从前我们几家人就住在树林里的窝棚房，不通水不通电，整个雨季房顶都在漏雨。我女儿学习成绩很好，她每天做作业只能趁着天亮，我这当爹的对不起她。"谈起搬迁以前的生活，西盟县力所乡南亢村南亢河瓦厂易地扶贫搬迁点的建档立卡户扎儿有道不尽的辛酸。

"瓦厂 12 户人家，是从原来的帕科组分出去的，就是因为在原来的寨子里没有宅基地，不得已住到了自家的林地里。目前的居住点还有山体滑坡、泥石流的危险，而且距离主干道太远，县里统一规划建设南亢村南亢河瓦厂易地扶贫搬迁点，让 12 户人家搬出深山。"力所乡副乡长李扎莫原来是南亢村的党总支书记，他最清楚瓦厂组群众这些年的苦楚。为了给 12 户瓦厂组的群众协调搬迁点的地址，李扎莫和南亢村驻村第一书记王位、南亢村党总支书记娜袜跑断了腿，数次选址、推翻、再选……

"不换不换，我的地就在大路边，做活计又好做，你们叫我换给他们盖房子，我以后种地要进去那么远，谷子熟了，你们去帮我拉噶?"帕科二组村民娜克态度坚决。

一边是瓦厂 12 户群众搬迁过上好日子的期盼,一边是数次选址占用土地的群众不理解和不支持,工作陷入两难。

驻村工作队和村两委进组入户做村民的工作。"你不要这样想嘛,大家都是一家人,娜克你家现在盖起了新房子,儿子也娶到了媳妇,如果当时不是扎丕家把宅基地让给你,你现在还在为房子发愁呢,但瓦厂的群众现在还住在大山里,连电都不通,你把地换给他们盖房子,就像当时扎丕帮你家一样,他帮你一把,你拉他一下,大家的日子不就好过了吗?"娜克听了南亢村书记娜袜的话,认真想了想,现在瓦厂的群众不通电,孩子上学要走那么远的山路,远不说还不安全,自己换了地只是种粮食远点,其他也没有损失,好日子要一起过。想了一晚上后,娜

图 2-17 2018 年,力所乡南亢村瓦厂组的 12 户人家整体易地扶贫搬迁到西盟县南康河和新厂河的交叉口

克第一个同意把自己家的地换给瓦厂的群众盖房子。一家、二家、三家……在驻村工作队和村两委努力下，搬迁点的地址终于定下来了。

2017年12月5日，扎儿家搬进新居。提前几天扎儿穿得整整齐齐，到村里邀请干部们一定要到家里做客。

扎儿家这一顿"进新房的晚餐"，大家开心畅快地聊着，谈论着搬迁以后扎儿在附近的南康河街子杀猪卖，妻子娜儿可以种西瓜就在路边销售，幸福的日子触手可及。

最后，扎儿全家落泪了，干部们也湿了眼眶。

"我女儿因为成绩优秀，从四年级开始选到了县里的学校上课。周末她回家，我看着她在灯光下看书学习的样子，我充满了干劲。我们国家太好了，我们的这些干部太好了。"扎儿又哽咽了。

搬得出，稳得住，奏响易地扶贫搬迁的安居曲、乐业曲，最终奏响群众的幸福曲。党的好政策在边疆落地生根，"幸福感"成了新时代群众的最强烈感受。

房子变了，人也变了

西盟县勐梭镇秧洛村博航八组，一幢幢具有佤族特色的小楼房掩映在花草树木中，楼内厨房、客厅、洗澡室、卫生间一应俱全。

"现在习惯了，觉得还是卫生间在房子里面好，洗澡方便，水冲厕所也没有臭味。每天下地干活，回来洗个澡干干净净看电视，日子很充实。"勐梭镇秧洛村博航八组村民岩改笑嘻嘻地说。

厨房和卫生间改进屋内，牲畜圈舍搬出去，一进一出，这变化，着实不容易。

"么（佤语：大妈），新的房子你住在床上，盖好毛毯，不要再睡在火塘边，你就不会老是咳嗽的。"秧洛村驻村队员魏小平在安居房建盖好以后，挨家挨户一遍遍用佤语叮嘱着老人们。

"房前屋后的杂草要除掉，卫生搞好了不容易生病，拉些土，平整

图2-18　勐梭镇秧洛村博航八组新貌

一下，可以种些小菜……你们看，这是其他县的群众的家，他们都在房子前面种菜。"驻村队员王晓虎给群众讲述着，这样的工作场景在西盟县的村村寨寨很常见。

经过一次次的交流和培训，有些变化乡亲

图2-19　勐梭镇秧洛村博航八组群众新家

图 2-20
力所乡力所村王
巩组娜鲜家

们自己都没意识到。

"不好意思，请您先把鞋脱了。"客人要进家，力所乡力所村王巩组佤族妇女娜鲜面带微笑地提醒。

娜鲜家的客厅里，摆放着大理石茶几、乳白色的皮质沙发，挂着丝质落地窗帘。卧室里摆着"席梦思"床，床上的被子叠得整整齐齐。

勐卡镇马散村驻村第一书记瞿毅成感叹："群众前几年还住在茅草房里，几年的时间，变化太大了，我们手把手地教会群众良好的生活习惯。有了党和国家带给他们的希望，感受到了更好的生活，群众就能改变过去得过且过的思想和生活状态。"

2018 年，全县 16276 户群众顺利搬进了安全稳固的安居房。至此，西盟县"千年安居梦"得以实现，彻底告别了低矮狭小的"草窝窝"和破旧危房。

"以前我住过茅草房、木板房，夏天蚊虫叮咬，雨季漏雨，冬天冷得过不下去。我没有想到我都是要进土的老人了，还有住进这么好房子的一天。我要感谢这些年在寨子里忙出忙进的干部们，我要感谢党的政策好，我还要多活几年……"勐卡镇班哲村 86 岁老党员岩考拉着建党节去慰问他的干部的手，用佤语不停地诉说着感恩和感谢。

一个也不能少，阻断贫困代际传递

习近平总书记强调："每个乡村孩子都能接受公平、有质量的教育，阻止贫困现象代际传递，是功在当代、利在千秋的大事。"因为教育落后，西盟很多农村孩子输在"起跑线"上。

西盟县按照"扶贫先扶智，治穷先治愚"的工作思路，坚持精准扶贫、精准脱贫基本方略，凝聚多方力量，持续推进教育扶贫，精准发力"拔穷根"。

西盟的教育始于1953年县民族武装工作队、人民解放军驻西盟部队在西盟老寨、在力所开办的两个识字班。1954年3月12日，西盟小学正式成立，招收了24名学生，西盟从此翻开了佤山教育的历史篇章。

"70年代西盟的校舍，几乎都是茅草房、土坯房，教室都是用竹笆围起来的。"杨庭明是在西盟从教了38年的老教师，20岁从宁洱县来到佤山从教，既做过教师也从事过基层教育管理工作，虽然已过去40多年，他仍清晰地记得1972年到莫窝小学所目睹的办学条件。

在那个年代，由于西盟生产条件及交通的制约，物资贫乏，教学设施的改善与提高只能依靠教职工自己动手，砌墙盖瓦，平整地基，

图 2-21
20 世纪 70 年代
的西盟学校

师生们用自己的双手一点点建盖起学校。杨庭民说："记得1976年我们莫窝小学盖一栋瓦房，当时西盟不能烧瓦，瓦片都要到上允、孟连一带拉，拉回到县城以后，县城到莫窝的公路不通，3点钟下课后老师带着学生到县城背一次瓦片，也就是10公里的路程。老师和学生连续奋战了四五年才把学校的地基整平。"

在艰苦的生活及教学条件面前，这些年轻的教师并没有退缩，在教学中缺乏教学工具，他们就地取材自己手工制作各种教学工具。

杨庭民说："我们来的时候，基本上没有什么教学设备，连最简单的一把尺子，都是自己拿竹子削出来的。学生想跳绳，到山里面扯点藤子。1974年莫窝乡办一次小学生冬季运动会，各个村都来，那一年的拔河赛用的绳子就是去山里面找的藤子。"

脱贫攻坚以来，西盟县加大对教育投入，佤山教育发生了翻天覆地的变化。如今，走进佤山各级学校，看到的是整齐的绿化带、平整的操场、宽敞明亮的教室。如今的变化让杨庭民老教师感慨万千：

图2-22 富有民族特色的西盟县幼儿园

图 2-23　西盟县民族小学学生正在上计算机课

"从茅草房杈杈房，到油毛毡房、瓦房，最后到了水泥楼房，可以说西盟学校建设是翻天覆地的变化，现在不管乡下也好，县城也好，最漂亮的就是学校了。"

从 20 世纪 80 年代"土台子，泥孩子"，到现在所有学校危房全面消除，中小学生 1 人 1 桌 1 椅，寄宿学生每人 1 个床位，中小学美术器材、中学理化生实验仪器配齐率达到 100%，西盟县教育信息化程度进一步提高，城乡办学条件得到了极大的改善。

违反义务教育法，严惩！

2018 年 3 月 7 日，西盟县人民法院依法拘留一名拒不送子女返校就学的家长。这是西盟县首例因父母违反《中华人民共和国义务教育法》《中华人民共和国未成年人保护法》相关规定，未将子女送入学校接受义务教育而被拘留的案件。

图 2-24 叶咏辍学后，县教育局和学校老师、工作队到叶咏家做劝返工作

在该上学的年纪辍学外出务工，15 岁的佤族女孩叶咏怎么也没想到，她的这一次任性逃学，把自己的父亲送进了拘留所。

多次劝返未果后，中课镇人民政府向叶咏的监护人——她的父亲水庄下达了责令送被监护人接受义务教育通知书，但叶咏父亲水庄并没有执行该规定。根据义务教育法等相关规定，中课镇人民政府对于水庄作出了行政处罚决定书，责令其于 2018 年 5 月 2 日前送叶咏到学校接受并完成义务教育，同时，处 1000 元人民币罚款。然而此后，水庄既没有按期申请行政复议或提起行政诉讼，也未按照行政处罚决定执行，并经过催告后仍未履行。根据中华人民共和国民事诉讼法相关规定，3 月 7 日，西盟县人民法院对于水庄作出司法拘留 15 日的决定。

"父母是未成年人的监护人，有送子女入校接受并完成义务教育的义务，放任子女辍学也是一种违法行为。"西盟县人民法院执行民警艾共说。

得知父亲被拘留后，3 月 14 号上午，叶咏从广东深圳回到学校。

叶咏重返校园后西盟县人民法院提前解除了对水庄的司法拘留，同样在深圳打工的两个义务教育适龄女孩也与叶咏一起回到了学校。

以前对子女辍学打工不以为意的村民们大受触动。新厂镇新厂村二组村民叶贡说："通过这个事情我才明白，不送娃娃读书也是违法的，我们家长要认真督促孩子好好读书。"

图 2–25 水庄因未将子女送入学校接受义务教育而被拘留

西盟贫困，究其最深刻原因，就是素质贫困，长期以来群众不重视下一代教育，导致代代贫困，西盟县要以滴水穿石的决心和毅力改变这顽固的落后观念。

此案件引起社会广泛关注，中央电视台新闻频道《朝闻天下》、《云南日报》、云南电视台等多家中央、省市主流媒体对此进行了采访报道。西盟县内村村寨寨的宣讲活动，大小政策宣传会议，天天响起的大喇叭也播报了这个案件。通过宣传，许多群众渐渐了解到党委政府的苦心，教育何其重要，下一代孩子要强过自己，就得好好学习。

西盟县在推进教育扶贫工作上在全省最早实施"司法惩治"，在一定范围内引起较大反响，对全县的"控辍保学"工作起到很好推动作用。

在西盟，读书有奖励！

2017 年，翁嘎科镇班弄村一组的岩些家，一份病情诊断书和一份入学通知书同时到达。

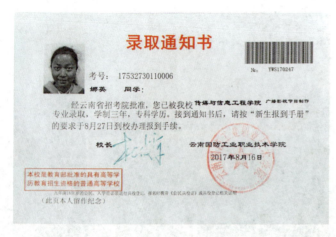

录取通知书

考号：17532730110006

No：YWS170247

娜英　同学：

经云南省招考院批准，您已被我校传媒与信息工程学院 广播影视节目制作专业录取，学制三年，专科学历。接到通知书后，请按"新生报到手册"的要求于8月27日到校办理报到手续。

校长　岩嘎

云南国防工业职业技术学院

2017年8月16日

本校是教育部批准的具有高等学历教育招生资格的普通高等学校

大学新生凭录取通知书，入学前凭录取通知书及校验证，推荐携带《公民兵役证》或兵役登记相关证件

（此页本人留作纪念）

图 2-26　娜英的大学录取通知书

一份是大女儿娜英考取云南国防工业职业技术学院的《入学通知书》，一份是妻子娜药的《病情诊断书》，而娜药的《病情诊断书》上赫然写着肝血管瘤、胸膜粘连、肺炎等共 11 种病症。

作为一家之主的岩些，手不受控制地颤抖着，这两张薄薄的纸片仿佛用尽他全身的力气也拿不稳。

妻子的生命，女儿的前程，两个都耽误不起。上有 70 多岁的残疾父亲需要赡养，下还有读初中的二女儿……

岩些一筹莫展的时候，县教育局副局长罗明忠给岩些送来了娜英读完高中并取得高中毕业证的奖励金 1 万元。

西盟县在全面落实上级各项资助政策的基础上，研究出台《西盟县教育教学工作奖励办法》和《西盟佤族自治县关于取得高中毕业证书学生的奖励办法》。对在县内就读并取得高中毕业证的学生每人奖励 1 万元；县外就读并取得高中毕业证的学生每人奖励 3000 元；县内就读并取得职高毕业证并符合相关条件的每人奖励 5000 元。被"985"类高校一本所属专业录取，每人奖励 3 万元；被"211"类高校一本所属专业录取，每人奖励 2 万元；被其他高校一本专业录取，每人奖励 1 万元；被高校二本专业录取，每人奖励 5000 元。初中学业水平考试成绩为前 50 名的考生且留在县一中高中部就读的，每人奖励 9000 元。为农村户籍贫困对象购买因学返贫商业保险，考取一本救助 8000 元、考取二本救助 5000 元。

"我们县的财政极其困难，但为了切断贫困代际传递，县里下了很大决心实施这个奖励政策。作为一名教育工作者，当我知道这个政策在

县委常委会通过并执行的时候，我高兴得喊了出来，西盟的孩子真的太幸福了。"县教育局副局长罗明忠说。

县上奖励的 1 万元解了岩些家的燃眉之急，同时，驻村工作队员帮助岩些联系到镇上加工厂务工。在脱贫攻坚政策的扶持下，岩些家里还种起了甘蔗，妻子住院的费用报销大部分后，用当年砍收的甘蔗款足以支付。

"感谢政府的好政策，如果没有政府的帮扶，可能因为我生病，娜英就读不起大学了。"岩些的妻子泛着泪花说。

西盟县在加大教育供给力度、控辍保学、职业教育等方面精准发力，通过对奖励救助资金分类定档，激发学子求学动力，从而确保农村贫困学生学得好、考得上、念得起，确保建档立卡贫困生跳出家庭的物质贫困，改变文化贫困和精神贫瘠，彻底阻断贫困"代际传递"链条。

图 2-27 幸福的岩些一家

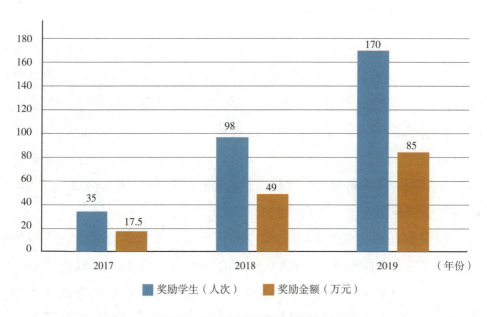

图 2-28　西盟县学费奖励变化情况

说明：西盟县学费奖励从 2017 年的 35 人次、17.5 万元增加至 2019 年的 170 人次、85 万元，增加了
　　　135 人次、67.5 万元，奖励学生数、金额均增长 386％，3 年累计奖励 303 人次、151.5 万元。

图 2-29　西盟县第一中学学生在上美术课

2014 年至 2019 年，西盟县累计投入教育资金 8.48 亿元，完成 39 所义务教育学校标准化改造和 6 所乡镇中心幼儿园标准化建设；新增村级幼儿园 5 所；外来务工子女、留守儿童和适龄残疾儿童入学率 100%。义务教育阶段学生 100% 享受"两免"和营养膳食政策。

"先诊疗后付费""一站式"结算服务政策

"多少钱？ 14 万多？"连西盟县城都没有出去过的力所乡南亢村南下嘎新寨扎海的妻子娜朵用拉祜语急急地问了好几遍，她一辈子没有见过这么多钱。

扎海和娜朵是一对苦命的夫妻，大女儿娜体十几岁的时候就被人拐跑了，夫妻俩平时很勤劳，起早贪黑种着橡胶、咖啡和茶叶，收入相对稳定，驻村工作队员告诉扎海，2017 年他就可以顺利脱贫。

2017 年 4 月，扎海驾驶着三轮摩托车外出劳动时，坡陡路弯，刹车失灵，连人带车翻到水沟里，造成肋骨骨折，伤情严重，西盟县人民医院将扎海转院到普洱市人民医院进行治疗，扎海的命是救回来了，但是核算医疗费用的时候，140988 元的医疗费用还是吓坏了老实巴交的夫妻俩。

"阿姐，莫慌，国家要报销一道呢，我算给你们听……"扎海家报销医疗费用后，需要自费的部分是 7935.88 元。出院以后，驻村工作队员又积极帮他们家

图 2-30　西盟县人民医院

图 2-31　工作队员帮助扎海申请临时救助

图 2-32　工作队员到娜红家了解医疗报销情况

申请到了民政部门的临时救助 3000 元。扎海和娜朵总算不慌了，扎海安心养病，一家人渡过难关。

挂包干部来看扎海的时候，扎海满心内疚："我车祸了，他们说我家就要晚一年脱贫了，我答应你的事情没有做到，我拖后腿了……"

扎海一番话说得挂包干部眼眶湿了又湿，两个人的手紧紧拉在一起，现场的人都知道，扎海的心里明亮着呢。

遭逢变故，扎海家推迟一年脱贫，在 2018 年顺利脱贫。

"如果没有国家的健康政策，帮我免了这么多的医药费，我家根本看不起病，不知我现在是否还会活着。"扎海发自肺腑地说。

西盟县勐卡镇莫美村二组的娜红，2018 年 8 月查出胃癌，她先后在西盟县人民医院和普洱市人民医院住院治疗 12 次，医疗总费用 208300 元。通过基本医疗保险报销 63200 元，大病理赔 112800 元，医疗救助和兜底保障 24000 元，个人自付 8300 元。来到娜红家，从她家的明白板看到，2018 年家庭纯收入仅有 20000 元，面对如此高的医疗费，假如没有国家的医疗保障扶贫政策，娜红怎敢去治疗，只能扛着、拖着。

"感谢党、感谢政府！"娜红一直不断地重复着这一句话，内心的感激让她无以言表。

莫美村三组岩胜板，因患胃部恶性肿瘤于 2019 年内先后 9 次通过转诊转院在普洱市人民医院住院治疗，医疗费用共计 141281.88 元，基本医疗保险报销 40000 元，大病理赔 69814.42 元，医疗救助 8854.76 元，兜底保障 12826.7 元，个人自付 9786 元。

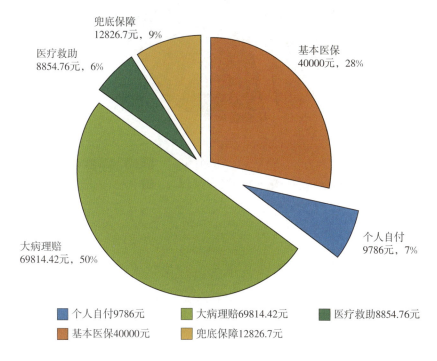

图 2-33 岩胜板 2019 年住院治疗费用报销情况（总费用 141281.88 元）

西盟县勐梭镇勐梭村 9 组咩艾遍，因患恶性肿瘤于 2017 年 6 月 9 日至 7 月 3 日转院到武警云南省总队医院住院治疗，总费用 37623.79 元，经基本医疗报销 12658.42 元，大病理赔 330.48 元，合计报销 12988.9 元，实际报销比例 34.52％。经 2017 年 12 月开展回补工作，大病回补 2619.25 元，医疗救助 4459.47 元，兜底保障 13793.79 元，补报合计 20872.51 元，加上之前住院报销 12988.9 元，实际报销费用 33861.41 元，报销比例达 90％。

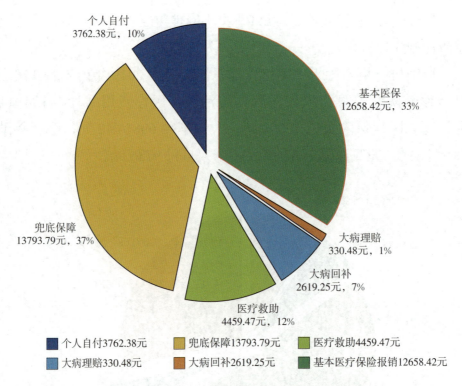

个人自付
3762.38元，10%

基本医保
12658.42元，33%

大病理赔
330.48元，1%

大病回补
2619.25元，7%

兜底保障
13793.79元，37%

医疗救助
4459.47元，12%

■ 个人自付3762.38元　　■ 兜底保障13793.79元　　■ 医疗救助4459.47元
■ 大病理赔330.48元　　■ 大病回补2619.25元　　■ 基本医疗保险报销12658.42元

图 2-34　咩艾遍 2017 年 6 月 9 日至 7 月 3 日住院费用情况（总费用 37623.79 元）

2014 年至 2019 年，西盟县享受医疗保险人次总体呈逐年增长趋势。特别是随着医疗卫生队伍不断壮大、专业化水平不断提高，县级医疗卫生机构服务质量、服务能力进一步提升。2019 年，西盟县城乡居民享受医疗保险待遇人次较 2014 年增长 115%，达到 32.25 万人次；城乡居民享受医疗保险门诊待遇人次较 2014 年增长 117%，达到 30.68 万人次；城乡居民享受医疗保险住院待遇人次较 2014 年增长 83%，达到 1.57 万人次。

随着"先诊疗后付费"和"一站式"结算服务政策的推行，报销范围和比例进一步被群众知晓，群众及时就诊和配合治疗意识逐步提高，医保政策引导作用逐渐凸显，医保政策红利有效释放。

图 2-35 2014—2019 年西盟县城乡居民享受医疗保险待遇变化情况

图 2-36 中课镇中小学开展学生健康教育 体检活动

从"杀鸡看卦"到科学诊疗，从"举家负债"到报销保障，多重医疗保障和救助政策，西盟县积极落实贫困人口健康扶贫相关政策，让群众"看得起病、方便看病、看得好病、尽量少生病"，从而解决贫困人口因病致贫、因病返贫的问题，减轻群众看病负担，甩开阻挡增收致富的"挡路虎"。

"四个全覆盖"闯出产业扶贫新路

习近平总书记指出，产业扶贫是稳定脱贫的根本之策。没有产业的支撑，脱贫成效无疑是空中楼阁，失去了根基，返贫现象无可避免。

如果说摆脱贫困是一部大乐章，那么加快发展就是其中的主旋律，产业扶贫就是它的主音符。产业扶贫怎样"扶"？怎样做大做强主导产业，培育好特色产业，增强发展后劲，确保贫困户有稳定、可持续的经济收入来源？结对子、找出路，这样的法子，虽然看似简单，做起来却困难重重。

西盟县通过因地制宜谋划产业发展，积极探索产业项目全覆盖、龙头企业带动全覆盖、利益联结全覆盖、技术培训全覆盖的"四个全覆盖"产业扶贫新模式，并精准选择肉牛和中蜂作为新兴扶贫产业大力发展，把肉牛产业作为"一县一业"重点打造，构建起橡胶、茶叶、甘蔗、畜牧、文化旅游为主导产业，蜂蜜、咖啡等为特色产业的"5+X"产业发展体系，实现每个主导产业都有 1 个以上主导产品、每个贫困村都有 1 个以上主导产业、每家农户都有 1 个以上产业项目扶持。

作为国家重点扶持县，西盟产业基础十分薄弱。新中国成立之初，佤族还处在刀耕火种的原始农业阶段，甚至连耕牛都不会用，商品经济也还处在以物易物的初级阶段。

"佤族过去的产业基础几乎为零，连自给自足都困难。"西盟县委副书记、驻村扶贫工作队总队长郑青江说。

贫困群众有了产业,才有脱贫致富的希望。

这地里该种什么? 你们说,我们听!

2017 年开始,新厂镇窝羊村迎来国地整治坡改梯的大好机遇,这是提高产量的大好机会,驻村工作队员兴高采烈进村召开群众动员会,却被泼了盆冷水……

"我家的坡地种得好好的,地里面还有旱谷呢,推什么?谷子呢要熟了!"窝羊三组村民岩门是个大嗓门。

岩门话出口,整个会场炸锅了,村民们议论纷纷,不愿意接受项目实施。

项目时间紧,拖不得!错过这次就错过了产业发展的大好机会,这以后还要等到什么时候?驻村队员们心急如焚。

图 2-37 新厂镇窝羊村坡耕地

"坡改梯项目国家没有补偿，政府免费把你们坡地改宽改平，改成梯田，以后你们种地就能保水保肥，产量就能提高，暂时放弃这一季的收获，以后年年都是丰收年呀……"工作队员岩跑用佤语解释着。

窝羊村三组党员岩来坐不住了，群众都反对，他听得明白。亩产翻几倍，经济价值翻几倍的好事情，要带头干！

"他们不推我家推，我家先推！"岩来表态。

没有群众接话，大家陆续散去……

岩跑和其他同事一家一户地去跑，先从党员发动，把国家的好政策讲透，让农村党员们先带头示范。

为了坡改梯，负责项目推进的同志们整整一个月都在跑，白天就在各家各户的田地里，晚上挨家挨户做工作。所有人晒得黝黑不说，大家都瘦了一圈。

西盟县的脱贫攻坚已经进入最后关头，这几年干部们带着大家干的事情哪一件不靠谱，群众哪一样没有得到实惠？看着忙忙碌碌的驻村队员们，村委会的干部们仗义执言。

慢慢有群众松口了，一家一户开始推地，但是大家都等着看，明年的收成要是不丰收，还是要去问这些让推地的干部补损失！

第二年，窝羊村主任岩好乐呵呵地介绍："我们村坡改梯，甘蔗面积已经扩种到800多亩，又有农业专家来推广良种良法，产量和收入增加明显，村民经常跑来找我们村干部，有些想扩种，有些想改种……现在回过头来想，苦了那些干部，全是为了老百姓，还要受气。谢谢国家的好政策，谢谢这些辛苦付出的干部。"

阿莫村曾经是新厂镇的产业空白村，2018年新厂镇在村里推广甘蔗产业。

"我家用4亩玉米地改种甘蔗，砍收30多吨收入10000多元，比原来种玉米收入增了7000元。"阿莫村副主任岩京说。岩京随后还租了30亩地继续发展甘蔗种植产业。

有了这一批"领头雁"，田肥地平、海拔合适的阿莫三组，甘蔗

图 2-38　新厂镇阿莫村采用全膜覆盖技术种植的甘蔗

种植面积达到 1000 多亩。

　　"你们村里的主要产业是什么？你家的主要收入来源是什么？"县扶贫办副主任周原提问新厂镇新厂村的群众。

　　"甘蔗了嘛，冬天还种无筋豆，一年到头地都不闲。"群众大大方方地回答。

　　"要听工作组讲政策，他们说种什么，要赶紧跟着种，订单农业这个事情，政府都是为我们考虑。"新厂镇代格拉村的群众艾布里说。"我家种了 4 亩青贮玉米收入 4000 多元，接着又种 2 亩无筋豆，收入 6400 多元。交豆子，就直接收钱，只要勤快，有田有地有手的，政策这么好，哪里会苦不到钱？"

　　代格拉村 2019 年又增加了无筋豆种植近 200 多亩。

　　"我们原来是全县产业基础最差的一个抵边乡镇，这几年的努力，让我们成了全县产业发展最有潜力的一个乡镇。"新厂镇党委书记李春元感叹道。

现在的新厂镇，有着连片的产业田，俯瞰是一个漂亮的大农场，在云端之上和大山之间，开出一朵又一朵"致富花"。

培育增收产业，始终要放在突出位置！西盟县以农业供给侧结构性改革为主线，立足资源禀赋和发展基础，选择橡胶、茶叶、甘蔗、畜牧、文化旅游作为着力打造的五大产业，出思路、破难题、抓落实，扎扎实实推进扶贫产业建设。

产业发展进程加快，群众的钱袋子鼓起来了，西盟的广袤大地上到处谱写着勤劳致富的欢歌。

这几年来的老板，不一样！

"岩上，西盟县很适合养殖中华蜂，原来家家户户木桶养蜂，效益不明显，县里面打算引进龙头企业丁氏蜂业，我们要提前勘察好一个大蜂场，欢迎企业进驻。"勐梭镇党委副书记、镇长杨巍正在做班母村党总支书记岩上的思想工作。

"又搞什么呢，家家户户养那点蜂蜜都卖不出去，你们还要搞大蜂场，那些都是喂白糖，养假蜂蜜！搞不得！"岩上想也不想就拒绝了。

云南丁氏蜂业是一家从原料到产品全产业链的龙头企业，总经理丁畅虽然是个 90 后，但是家族三代养蜂，她自己就是养蜂行家，企业对蜂蜜品质的把控十分严格。几年间，丁畅几乎跑遍了云南，"寻寻觅觅"就为了找到适合中华蜂繁养的地方。一次机缘巧合的考察，丁畅走进西盟，广袤的原始森林让她为之震撼，高山峡谷地带的气候更是赋予了西盟全年 20.4 摄氏度的平均气温，这正是中华蜂最适宜生存的地方。

"培育脱贫攻坚的主导产业，政府着力抓好养蜂产业的要素配套，丁氏蜂业提供技术支撑进行养蜂培训，企业对接市场，建档立卡贫困户可以进场务工，还可以通过培训自行养殖摇蜜提供给企业，只要摸

图 2-39　西盟县富母乃蜂场中华蜂养殖基地

索出合理合作模式，咱们就缺龙头企业带动，可以干！"县里的讨论会上，大家纷纷发表自己的意见。

"虽然经过考察，西盟的气候条件都很适合，但是如果政府不欢迎，企业也无法落地。我们起初也是抱着试试看能不能合作的心态，但是西盟县的领导特别支持，我原本以为的冷遇从来没有出现过。我记得第一个西盟的蜂场，富母乃蜂场蜂箱进驻那一天，勐梭镇的镇长自己也在帮忙抬蜂箱。我家三代养蜂，这样的领导干部我没有遇见过。"丁畅回忆起企业进驻西盟的往事说道。

"我是一直心存怀疑的，但是党委政府说可以干的事情，我们群众就要支持。当时班母 14 组富母乃群众田地少，经过动员，群众无偿出让自己的地来建蜂场。我很感动，我也要为他们负责。"班母村党总支书记岩上悄悄去看蜂场怎么工作，纯天然的蜂蜜可真的不是白糖做的……被蜜蜂蜇了好几次，岩上看着蜂场里一次次培训热火朝

图 2-40　无筋豆成了农民致富增收的"金豆豆"

天，群众拿着工资兴高采烈，一颗心才慢慢放下来。

随着西盟县绿色产业的发展，无筋豆成为农户增收致富的"铁杆庄稼"。

"10 点前就要采收完，送到县城的分选厂。"西盟绿润源农业开发有限公司派驻莫美村种植基地的技术人员刘艳青忙着指导农户抓紧采收无筋豆。"西盟这里冬季非常适合无筋豆种植"，他随手拿起几根无筋豆，"这样的无筋豆就是最好的，不鼓米，条直，颜色脆嫩"。刘艳青在西盟一待就是三年，从当年苦口婆心上门请农民种植，到如今农民提前就要问他下年计划。

"你看我们这些工人'把细'得很，分级分选后，全程冷链运往北京新发地批发市场，到市场与地里刚摘出来的一样鲜嫩。无筋豆是一个短平快的产业，从下种到收购，不会超过三个月，只要这季豆子收了，我们马上就能给老百姓兑现现金，从不拖欠豆款。"西盟绿润源农业开发有限公司总经理付小琴爽朗地笑着说。

与时间赛跑，无筋豆从种植基地采摘后，及时送到冷库，工人按流程进行加工，冷链运输—批发—零售，每一步都是力争确保无筋豆新鲜、安全地送到消费者的餐桌上。

"三个放心，两个百分百"是无筋豆能在西盟开花结果的关键，省农业农村厅引进产销企业，让企业放心发展；企业与农业部门全程技术指导，让生产放心；企业签订合同，保护价收购，让菜农放心。企业无偿提供种子、地膜、肥料、农药，生产技术全程指导，百分百让菜农零资金投入；农民提供土地，企业百分百全收购无筋豆。

勐卡镇莫美村二组岩特今年50岁了，一个人种了2亩无筋豆卖了9000元。"以前主要是种水稻、玉米，无筋豆种植是技术员手把手教我们种的，这些老板不像以前那些，都是好好来教老百姓的，真的不一样了！"岩特跷起大拇指。

近年来，西盟县引入了云南三江并流公司、云南丁氏蜂业等10余家省市农业龙头企业，创办各类农民专业合作社133家，覆盖全部建档立卡贫困户。

企业进来了，群众怎么增收？

勐梭镇班母村在安居房建设的时候，党总支书记岩上在镇里的指导下，带着村里一群有技术的人成立了"红太阳施工队"，啃下了最难建盖的40套安居房的"硬骨头"任务。

"企业进来了，增收的机会也来了。挖地种草用人工要干到什么时候？我们几个村干部贷款买了挖机，我算过，年底就可以还清。"县里引进了肉牛养殖企业三江并流公司以后，"红太阳施工队"升级为"红太阳农民专业合作社"，与肉牛龙头企业、贫困户分别签订合作协议，带领贫困户发展饲草种植。

贫困户以土地入股的方式与合作社开展股份合作，收入的30%

图 2-41　二妹在蜂厂查看蜜蜂情况

归农户所有。此外，农户还可以参与生产，从合作社获得劳务收入。合作社与企业签订的饲草订单，既能保证饲草的销售，也得到了企业资金、技术支持，实现快速发展。"红太阳"合作社已带动 350 余户建档立卡贫困户种植青贮玉米、皇竹草等 2000 多亩。

　　在西盟中华蜂养殖基地，上千个蜂箱分布在缓坡上和道路两旁，十分壮观。为充分发挥龙头企业对贫困群众示范带动作用，西盟县投入扶贫资金 550 万元，为贫困农户建设养蜂场点配套设施及生产资料，交由企业托管 3 年，每年按比例兑现红利到村级合作社，再由合作社根据贫困户贫困程度进行二次分配，鼓励贫困户参与产业扶贫。

　　每天大清早，西盟县勐梭镇班母村的二妹都要和往常一样，带着自己的小姐妹唐娜丕去蜂场转转，看一看蜜蜂，看一看蜂桶，看一看自己甜蜜的事业。

二妹在初中毕业后就外出打工。2015 年因为父母身体不好，二妹选择回乡务农，勤勤恳恳地劳作，却还是连办婚宴的钱都积攒不够。

2018 年，西盟县人民政府与云南丁氏蜂业工贸有限公司签订了合作协议，在西盟县建立中华蜂繁殖基地。依托产业扶贫，二妹接受培训，开始在蜂场打工，成为一个有技术的人。二妹的笑容越来越多，腰板越来越直。从一个贫困户变成一个收入稳定、还能向乡亲们传授养蜂技能的技术能手。受到党员帮扶的二妹对未来生活充满了信心，二妹感谢党组织，并向党组织递交了入党申请书，立志要像帮助过她的党员一样帮助别人。

随着养蜂技术的成熟，二妹在村委会的鼓励下，自己承包了200 箱中华蜂来养殖，开设了自己的蜂场。4 个月时间，二妹家共采收蜂蜜 1000 多公斤，收入 56000 元，甜蜜的事业让二妹自信和骄傲。

在中课镇细节组扎思的林下养蜂基地，丛林间一箱箱的蜜蜂格外引人注目，一只只忙碌的小蜜蜂不时从身边飞过。扎思与儿子彭正戴着养蜂防护帽，穿梭在自家 7 亩的中蜂养殖基地，摆弄着蜂箱，而这些蜂箱正是扎思一家的致富"百宝箱"。

"我申请承包了 120 箱，我从一月份开始养殖，现在已经扩繁到 170 多箱了，二月份我开始摇蜜，目前已经采了五次蜜了，卖了 2 万多元，今年估计拿到七八万是没有问题的。"扎思笑得合不拢嘴。

互惠互利，发展共享，多方共赢。西盟县通过机制创新，全面深化贫困户和增收产业的利益联结。推行订单联结得订金、股份联结得股金、劳务联结得佣金、租赁联结得租金、保险联结得保金、激励联结得奖金等方式，实现了贫困群众稳定增收。

图 2-42　扫二维码观看二妹脱贫故事

图 2-43　扎思与儿子彭正在蜂厂忙碌

图 2-44
扎思的甜蜜事业

想富，不会富怎么办？

"想致富，养牛是条好出路。"这是在西盟县群众口中常听到的一句话。但长期以来，西盟农村养殖业一直沿袭传统的养殖方式，群众不会算饲养成本、不会算利润。

班母十三组的蒋小强是养牛大户，但养殖方式较为传统，以天然放牧为主，他认为放养不喂精料养出的本地牛才"生态"，还坚信"牛吃百草，能防百病"，喂养过程中从不补饲也不驱虫。

一年下来，蒋小强养牛不但没增收，还亏了 1 万多元，这让他犯起了愁。

把牛当作"宠物"养，是西盟产业发展中的突出问题。省农业农村厅肉牛养殖专家赵刚主动来到蒋小强的肉牛养殖场进行指导，蒋小

图 2-45 养牛专家为蒋小强讲解养牛技术

图 2-46　岩少参加"乡村领头雁培育行动"中蜂养殖技术技能培训

图 2-47　娜能在电子商务培训上谈培训感受

强叫上儿子一起学习养牛技术，学会了用玉米、豆粕等天然饲料进行科学补饲和定期驱虫，爷俩看着长势健壮的牛毛光水滑，盘算着 1 头牛跟去年比可以多卖 1000 块，再看看家里的 12 头牛，不禁笑逐颜开。

勐卡镇莫美村的岩少刚刚完成了历时 45 天"乡村领头雁培育行动"中蜂养殖技术技能培训。"刚来时，对于养蜂我什么都不会，现在养 400 群、500 群应该没有问题。"岩好正在申请产业扶贫贷款，准备发展中蜂养殖。与岩好一起结业的 86 名学员，大部分都把中蜂养殖作为创业目标。作为中蜂养殖第三批学员，岩好的信心还来自学长们的成功示范，前几批的学员中已经涌现了好几个创业新星。

丁氏蜂业公司员工普官伟介绍，通过公司孵化式培训，力所乡南亢村的扎努、中课镇的扎思、翁嘎科镇的阿龙等一大批学员，已经成为中蜂养殖技术能手，不但建起了小型蜂场，而且可以为周边的合作社和农户提供技术服务。

勐卡镇马散村的娜能是村里的能人，村里的各种文艺活动总少不了她的身影。娜能还负责村里农特产品的销售，平时主要靠发微信朋友圈卖货，销售渠道和效果都不太理想。

"县里组织我们参加电商培训，不仅让我学会了图片剪辑、短视频的制作方法，我还结识了很多在网络上销售得非常棒的学员。我特别期待通过这次培训以后，西盟的佤文化能传播出去，我们的土特产也能销售到全国各地。"娜能对电商带货信心满满。

虽然大字不识几个，但西盟县 52 岁的佤族老汉水拉最近迷上了智能手机，粗大的手指操作起来十分熟练。

"手机里有养牛、养蜂的视频。"水拉说，前不久，他参加了县里组织的"乡村领头雁培育行动"，大家不光实地学习，还建了微信群，分享种养殖技术。

最初被选去参加培训时，水拉还不乐意。他是寨子里的能人，养牛、养蜂、养猪，甚至制作佤族木鼓、唱歌跳舞，无不熟练。"这还要人教？"老汉对镇上的干部撇撇嘴说。

"你用土办法最多只能养 30 群蜂，培训后能养两三百群。"

"你养的黄牛三年都不出栏，县里引进的云岭牛不光长得快、肉质好，价格还卖得更高。"

扶贫干部的劝导让水拉语塞，他只好乖乖去参加培训，结果越学越来劲。

年轻一代的佤族人接受新产业要比水拉快得多。31 岁的勐梭镇班母村村民岩平经过培训，成了村里的农机手，替代用牛耕作的传统方式。"现在我一个人干的活儿

图 2-48　水拉使用智能手机学习种养殖技术视频

能顶过去 20 个人。"岩平说，今年他准备养几头云岭牛，要把日子过得越来越好。

为了让贫困人口掌握更多致富本领，西盟县分产业、分类别对农户开展技能培训。2018 年以来，西盟县举办割胶技术培训 38 期，培训建档立卡户 3833 人；举办甘蔗种植技术培训 56 期，培训建档立卡户 1316 人；举办茶叶技术培训 71 期，培训建档立卡户 5571 人。在肉牛产业上，西盟县建立以省草地动物科学院专家为主的技术服务组，举办饲草种植、肉牛养殖技术培训班共 116 期培训 6055 人。18 名省农业厅定点帮扶技术骨干长期蹲点指导，为肉牛产业发展提供技术服务和智力支持。

西盟县"四个全覆盖"等产业扶贫模式在全省推广，连续 4 年在全省产业扶贫大会上交流发言。2019 年建档立卡贫困户人均纯收入达到 10590 元，比 2014 年人均纯收入 1921 元增加了 8669 元，增长 451%；实现农林牧渔业总产值 6.9 亿元，比 2014 年的 4.46 亿元增加 2.44 亿元，增长 55%。橡胶、甘蔗、茶叶、畜牧、文化旅游五大主导产业的增加值从 2014 年的 2.76 亿元增加到 2019 年的 4.38 亿元，占比从 2014 年的 11.1% 增长至 2019 年的 58.6%，实现了产业发展的迅速崛起。

第三节　西盟力量

脱贫攻坚是一场硬仗，西盟县的人民付出了艰苦卓绝的努力，奋战在一线的干部群众凝聚了西盟力量，在脱贫攻坚中谱写了一曲曲慷慨激昂、荡气回肠的"扶贫战歌"！

西盟县坚持把脱贫攻坚作为一场干部工作的"大考核"、干部作风的"大检验"、干部成长的"大熔炉"。按照习近平总书记"尽锐出战"

的要求，把最精锐的力量、最优秀的干部放到脱贫攻坚战线上，全县共派出 34 名（实职副科级）第一书记、125 名驻村工作队员、3689 名干部，深入贫困一线开展结对帮扶。通过组织开展贫困识别、精准帮扶、贫困退出和大规模轮训，农村基层治理能力和管理水平明显提升，农村基层党组织凝聚力和战斗力明显增强，强化了脱贫攻坚战略定力，锤炼了共产党人敢于攻坚、善于攻坚、动真碰硬的坚强品格，密切了党群干群关系，赢得了人民衷心的拥护。

首创提出"群众要脱贫，干部思想先脱贫、能力先脱贫"的理念，在全市率先推行"领导干部政策考试"，建立了"每天半小时学习"制度和"经常性教育培训学习"制度，近 4 年来累计开展干部素质能力培训 80 余期、专题党课辅导 1200 余场次，促进了干部作风转变，干部能力素质大幅提升，先后有 91 名干部在脱贫攻坚一线被提拔任用。

深入实施"熔炉锤炼"工程，围绕"主责主业、政务服务、统筹谋划、队伍建设"4 项重点任务，开展"争先创优"活动，先后荣获

图 2-49　西盟县委组织部、县委党校等部门联合组织开展西盟县村民小组"脱贫工作委员会"培训

全国民族团结进步模范集体、国家卫生城市、国家城市设计试点城市、连续 4 年全国信访工作"三无"县等全国荣誉 7 项、省级荣誉 17 项。2019 年全市综合考评为"优",西盟县已成为干部锤炼党性、干事创业、磨炼意识的"大熔炉"。

以非凡之举　凝聚起强大扶贫精神

西盟县作为边疆、"直过民族"地区,面对的脱贫攻坚工作任务更为艰巨,困难和问题更为复杂。

自脱贫攻坚集结号吹响以来,西盟的干部毅然决然地把消除贫困作为己任,从不畏惧和退缩,全县干部闻令而动,坚守在扶贫一线,与贫困群众同吃同住同劳动,用真心、真情为群众脱贫想办法、出实招、干实事,既授鱼又授渔,既扶志又扶智,直面问题、解决问题、探索做法、建立机制,打赢了一场又一场的硬仗,啃下了一块又一块的硬骨头,创造了一个又一个的经验,展现了"越是艰险越向前""誓与贫困作斗争,誓与脱贫共荣辱"的决心和气概。

图 2-50　扫码观看视频《脱贫攻坚　我们在一线》

下非常之功　锤炼一支佤山铁军

习近平总书记指出:"脱贫攻坚任务能否高质量完成,关键在人,关键在干部队伍作风。"

"消除贫困、共圆小康是西盟千年的梦想,这是一件彪炳史册、无上光荣的事情。只要我们坚定信心决心,咬定目标不放松、整治问题不手软、落实责任不松劲,全力以赴,一定能打赢这场脱贫攻坚仗。"西盟县县长曹鸿迎一有时间就到乡(镇)、村组一线调研,他深信全县人民通过苦干实干,一定能摆脱贫困,过上好日子。

图 2-51　扶贫干部到田间地头手把手教群众科学种植技术

从大山深处到田间地头，从劳动就业到产业发展，扶贫干部们用艰苦付出和不懈努力，解决了一道道发展难题，攻克了一座座贫困堡垒，在脱贫攻坚战场上书写了浓墨重彩的篇章。

2016 年 6 月，西盟县吹响了脱贫摘帽的冲锋号，县指挥部急需一名经验丰富的同志坐镇指挥部办公室。苏其宁同志临战受命，担当起这个官不大责任大、最苦最累的岗位，许多人望而生畏、听而却步，而他不讲任何条件，坚决服从县委、县政府工作安排，毅然肩负起历史使命。

郑青江是云南省农业厅派到西盟的帮扶干部，挂职二年期满后，主动申请延长挂职期，继续坚守扶贫一线。在西盟工作四年多时间，他早已是不折不扣的扶贫产业专家，对西盟近年来引进的中华蜂、云岭牛等特色扶贫产业如数家珍。"西盟摘帽，我也完成了自己的使命。"这四年多，郑青江几乎没时间和家人团聚，但他看到西盟的变化，觉得很值。

"只有你不断走近他们，蹲下身子与他们一起，才能知道他们的想法。我到班母村的 500 多个日子里，3 双磨破的鞋，350 户卡户五六次的遍访，短短的半年，无筋豆种植扩大到 1420 亩，增了 6 倍，带动 800 户群众增收。"省农业厅驻班母村第一书记赵俊回忆着带领群众种植无筋豆的往事无比欣慰。

对于县扶贫办主任邵建波来说，脱贫工作不仅责任重大，更是千头万绪，自己肩负着"对上负责"和"对下引领"的双重责任，特别是每次贫困对象动态调整时，国家信息系统开放的时间非常有限，她带着脱贫办人员通宵达旦地甄别、录入和比对数据……在大家的努力下，西盟脱贫攻坚数据成为全市信息数据误差最小的县之一。

新厂镇一直以来是全县产业最少的村，特别是永广村过去只有茶产业，产业单一，群众增收困难。"今年以来，有了'云岭牛'的项目，我们带领群众种植青储玉米 2000 亩，皇竹草 650 亩，还种植了 1570 亩核桃和 80 亩坚果。"永广村党总支书记岩刀说，"现在我们村安居房已经建好，产业发展群众增收，村民小组脱贫会牵头，组织群众参与到农业生产、产业发展、环境卫生治理等事务中来。"

"当时我刚工作，工作实在难干，到村民家没人理，开会没人来，建房拆旧被群众骂，自己回家悄悄地哭。"新厂镇职工董云春说，"我们磨破了嘴皮不厌其烦地引导，带着群众干。如今，群众搬进新房，过上了好日子。我帮扶的有两个老人，他们家里放着 3000 元现金，他说放在家里不安全，要交给我保管。老人搬进新房后，除了一张旧床和几个小木凳子外，空空如也，我征求老人意见，帮他们买了电视、沙发、窗帘等家具，老人高兴地说小董就是我家女儿，我也把老人当成了家人。"

驻村队员陈雪樱在驻村日记中写道：我永远不会忘记，小娜嘎一身脓疱在我寻医问药治愈后向我飞奔而来叫我"妈火（佤语：汉族妈妈）"时的激动；岩他大叔点赞"共产党好"时竖起的大拇指；寨子里无论男女老少见到我都亲切称呼"陈老师"时心中的自豪；我生病倒下送往县城急救时路两旁含泪相送的群众……一幕幕、一件件，都那么清晰地刻在了我的脑海里，成为我最珍贵的记忆……还有许许多多和我一样的脱贫战士，他们有的生病硬扛着；有的出车祸伤刚好即刻回到岗位；有的亲人离世，匆匆下葬，含泪回到岗位上；有的挺着即将临盆的大肚子，一次又一次奔波在农户家……

"大爹，我背您"

这张记录了西盟县扶贫工作队员热心助农的照片，在朋友圈内广泛流传，背人的是勐卡镇财政所王文云。4 月 26 日，王文云到莫美村开展工作，看见老人腿有残疾、行动不便，了解到老人家里要建安居房，需要将其搬离住所，当时路面施工又有沟，王文云二话不说将老人背起，气喘吁吁地将其送到暂住地，这感人的一幕恰巧被路人拍照记录。

这一背两个人就成了"亲戚"，现在只要这个扶贫队员去到大爹家，大爹都会拉着他的手久久不放开，不停地说"亲人来了，亲人来了"。脱贫攻坚中，干部和群众的距离是最亲近的，我们不是亲人，胜似亲人。

图 2-52　扶贫工作队员王文云热心帮助残疾大爹

烛光下的视频会

2018 年 5 月 11 日，按照市委、市政府统一要求召开普洱市扶贫开发领导小组第七次会议暨第四次乡镇党委书记工作交流会，各乡镇通过云南电子政务信息网视频会议系统参加会议。不巧的是勐梭镇停电，为了能正常参会，镇办公室早早准备了发电机，把视频电视调试好，参会人员也准时到会场参会。开会中途，天色渐渐暗了，镇长杨巍太过认真地听视频里领导讲话，竟忘记了停电的事。杨巍说："开下灯嘛。"后面坐着开会的同志异口同声地回答："停电。"问题来了，没有灯就没办法记会议笔记，视频切换到勐梭镇也都是一片漆黑，有同志提出买蜡烛来点上。就这样，一个点着蜡烛的视频会有条不紊地进行着……

在扶贫工作中什么特殊情况都会遇到，我们的扶贫战士克服了一个又一个的困难，破解了一个又一个的问题，正是这股干劲，带领着群众摆脱了千年贫困，过上了好日子！

图 2–53　点着蜡烛的视频会

老王就在身边

力所乡南亢村的群众都知道，村委会这几年来了一个老王。老王同志驾驶着一辆灰色的小轿车，村干部和其他的队员都笑称老王的车就是一辆"工程车"，这车子什么路都跑，什么都拉。

图 2-54 老王和他的"工程车"

老王是驻村工作队年龄最大的同志，驻村队伍刚组建的时候，队员们就问过老王："您是局长，是主要领导，年纪还过了 50 岁，您怎么也来驻村呢？"老王只是笑着回答："局里人少，我虽然超过了 50 岁，但是我觉得自己精神头足得很，再说我也喜欢和群众在一起。"轻描淡写的回答在大家眼里可不是这么一回事，大家经常看见老王急匆匆赶回县城里开会，处理紧急公务，只要村里有急事，他家也不回，连夜就返回村里。队员们都心疼老王，让他早点休息，早上也不用特别早就起来，但是往往男队员早晨一睁眼，就看见老王拿着他的放大镜，就着一个他扯到头顶的电灯泡，在认真地看材料、学文件。

老王同志在不进组工作的夜晚经常召集村干部和队员们座谈扶贫的思路，交流工作方法和经验，这样的集体生活方式让南亢村驻村扶贫工作队十分团结，工作中偶尔产生的分歧也在一次次的座谈中解决，形成了一支斗志昂扬的正能量队伍，大家心往一处想，劲往一处使，克服了一个又一个扶贫工作中的难题。

用生命点亮的脱贫梦

图 2-55 李有轻老师生前帮农户采茶

脱贫攻坚战场，没有枪林弹雨，但要冲锋陷阵；没有炮火硝烟，但有奉献牺牲。

2019 年 1 月 14 日凌晨两点，西盟县教育局驻村队员李有轻老师的生命定格在 49 岁，他就这样轻轻地离我们而去。

我们永远记得，他因为心梗发作，临上救护车的时候，手里举着装满材料的 U 盘嘱咐同事的样子，没有想到，这一去，成了永别。

点开李老师没有关闭的笔记本电脑，留下了还没来得及做完的工作，战友们满眼泪目，不知道他当时是怎样忍痛带病工作的……

"小红帽"走了

2020 年 6 月 23 日，西盟县勐卡镇莫窝村党总支书记叶琼积劳成疾，病逝在脱贫攻坚第一线，她用自己的一生诠释了"女本柔弱，为民则刚"的真正含义。49 岁的叶琼，入党 25 年，任村干部 28 年，脱贫攻坚开展以来，群众几乎每天都会看到戴着红色帽子的叶琼来回穿梭在寨子里，了解掌握家家户户生产生活情况，尽心尽力帮助群众排忧解难，大家都亲切地叫她"小红帽"书记。

莫窝村没有比较稳定的产业，耕地又很少，传统的产业很难发展起来。西盟县引进了云岭牛、中华蜂、无筋豆等新兴产业，但大部分群众都在观望不愿意种，为了打消群众的顾虑，叶琼和驻村队员一起，走村串户宣讲产业政策，动员党员带头先种先试，

图 2-56　叶琼生前的照片

经过不懈的努力，群众开始种植甘蔗、青贮玉米、无筋豆，产业项目终于落地。

平时小疼小病，叶琼不愿浪费时间去看病，长年累月积劳成疾，2019 年 10 月，叶琼生病住院，被诊断出"左心房衰竭"，病情好转出院后，医生嘱咐她出院回家好好休养。然而，面对 2020 年初突发的新冠肺炎疫情，刚出院的她，主动加入"守护家园服务队"开展疫情防控排查工作。为使全村群众短期内了解疫情防控知识，她带头包组深入每家每户宣传，宣传一次群众如果没重视，她就入户宣传第二次，再不重视就入户第三次、第四次……

叶琼就这样倒在了入户的路上……

总把自己放在最后的叶琼，这一次，走在了大家的前面……

脱贫攻坚越往后困难越多、挑战越强、压力越大，很多时候都会

面临"造不出血""输不进血"的窘境，除却扶贫的压力之外，扶志的难度也不容小觑，"等靠要""吃政策""不愿脱贫"的现象时有发生。如此挑战，对我们干部锤炼力度不可谓不大，如何让扶贫干部站得住脚、定得下神，找到问题的症结、冲破思想的桎梏、克服退缩的胆怯？考验的是干部的责任和担当，需要依靠一支"铁军"完成。从最初的政策学习，到精准识别、精准帮扶中遇到的各种难题，干部随时都面临能力考验。在安居房扶贫中，干部学会了如何确保工程质量、如何破解新房旧貌；在产业扶贫中，干部学会了如何与市场对接、如何选准产业、如何提高群众的积极性；在教育、健康扶贫中，干部学会了如何让重病家庭不会返贫、如何让厌学的孩子回到课堂；在素质扶贫中，干部学会了如何教会群众勤俭持家、如何让懒汉学会劳动；在能力提升上，干部从最初只会学习政策、凡事都等上级安排的依赖被动思想，转变为奋战在脱贫攻坚一线、凡事亲力亲为、各种难题亲自解决，在实践中不断成长起来，挑起脱贫攻坚的大梁；在驻村帮扶上，干部从以前的不会扶贫、不懂扶贫，转变为与群众同吃同住同劳动，带领群众抓产业、抓发展、抓人居环境提升；等等。真正把脱贫攻坚战场作为考察、历练干部的平台，一大批干部在脱贫攻坚一线被提拔使用，从根本上破解了干部人才队伍瓶颈的制约，打造了一支"懂扶贫、会扶贫、素质高、作风硬"的扶贫干部队伍。

把扶贫对象变为扶贫力量

"领导，我家前面你们修的路堵了，走不通……"

"领导，你们送来养的鸡病了……"

以前，听到这样的情况反映，进村入户的基层干部常常又气又无奈。在一些贫困村组，脱贫攻坚的主角反而成了事不关己的看客。

由于社会历史原因，西盟县社会发育程度低，群众文化素质普遍偏低，"等靠要"思想成为脱贫攻坚的最大障碍。与资源性贫困地区

图 2-57　在饲草基地班母村第一书记与农户交谈

不同，西盟地处亚热带海洋性季风气候地区，光热土地、雨水资源丰富，自然条件优势非常明显。但西盟人均受教育仅 6.83 年，自我"造血"能力很弱。2014 年底，西盟县建档立卡贫困人口 9259 户 31146 人，贫困发生率 32.57%，素质贫困占总致贫原因的 79.86%。群众普遍缺乏一技之长，"不想发展""不会发展"的情况比较普遍。

曾在西盟县勐梭镇班母村的驻村工作队员、云南省农业农村厅干部王波对此印象深刻。班母村人均土地 10 多亩，耕作条件也不错，但贫困率一度高达 50% 以上。

工作队员才进驻村组时，一些群众说："我们现在日子挺好，也不想累，你们干部别来烦我们。"有的村民甚至把政府的扶贫猪卖了买酒喝，当时寨子里酗酒的人多，经常路边躺一个、沟里睡一个，开会的时候到处是酒嗝声。寨子里的路晴天一身灰、雨天一身泥，没人管、没人扫，垃圾靠风刮、污水靠蒸发。寨子里的公益事业、公共设施、公共环境，基本都没人管，就算想管也没组织、没钱弄，再热心的人，也经不起大家的冷淡。

"争当贫困户、抢着领低保；靠着墙根晒太阳，等着政府送小康"等困局如何破？如何激发出群众自我发展、自我积累的能力？

习近平总书记强调，"贫困群众既是脱贫攻坚的对象，更是脱贫致富的主体"。面对基层党组织弱化、群众内生动力不足等问题，西盟县扶贫先扶志，创造性地在村民小组中成立"脱贫工作委员会"，建立激励约束机制，建立产业利益联结机制，把群众的内生动力激发出来，把扶贫对象转化为扶贫力量，使贫困户成为脱贫的主力军，打造了一支"永不撤走工作队"。探索出了脱贫攻坚与基层党建、乡村治理有效融合，帮扶贫困群众精神与物质"双脱贫""双摘帽"的路子。

引领与队伍融合让群众"联起来"

在脱贫攻坚进程中，西盟县把激发群众内生动力作为推动乡村持续发展的关键。贫困群众内生动力足不足往往与村民小组的作用发挥有着很大关系，西盟县确立了基层党组织重心下移和打通乡村治理"最后一公里"的突破方向，探索建立"村民小组脱贫工作委员会"，在村民小组设委员 5 至 7 名，"脱委会"由村两委和村民小组党支部组织召开村民大会，推荐选举生产、生活、宣传、治安等委员，并在委员中选出 1 名主任。目前，全县已成立"村民小组脱贫工作委员会"366 个，选举产生委员 1847 名。用基层党组织的力量凝聚和引领群众发展动能。

力所乡南亢村富俫一组是个拉祜族村寨，有 48 户村民，其中建档立卡贫困户就有 29 户，组里选出"脱委会"后，委员们分别挂钩联系贫困户。娜香是村民选出的生产委员，在她看来，过去组干部大

图 2-58　村两委和村民小组党支部组织召开村民大会，推选产生生产、生活、宣传、治安等委员

图 2-59　"村民小组脱贫工作委员会"入户检查打分

图 2-60 "村民小组脱贫工作委员会"组织群众水稻种植

图 2-61 "村民小组脱贫工作委员会"组织开展青贮玉米种植培训

多只是配合村里安排的工作，寨子里小广场、入组路没人打扫，停水断电没人问，没人去多管闲事，有问题有困难只能往上报。

成立"脱委会"后，劳动生产有人督促了，寨子的公厕、道路、文化室有人扫了，停水断电有人修了。农闲时，寨子里的小广场最热闹，文化志愿服务队员们每天都跳广场舞，还经常参加县上乡上的演出。村民们都把寨子当成了自己的家，大家的心更齐了。

"水稻种植要抢节令，过去寨子里的 70 亩水田，各家争水泡田，前后花 1 个多月秧都栽不完，今年由'脱委会'组织村民集中栽秧，10 多天就栽完了。"娜香说，"脱委会"成员都是寨子里的人，群众反映的困难和问题很容易协商解决了。我们委员每个星期集中一次，大家商议各自遇到的问题。每个月组织一次村民大会，听取群众的意见，答复群众的提问。

娜哈 50 多岁，是勐卡镇马散村永俄寨村民，一家老小因为懒，日子过得紧巴巴的，家徒四壁。但一家老小根本不在乎，照样晒着太阳喝着小酒，日子过得浑浑噩噩。"脱委会"主任娜英多次找娜哈谈心，告诉她如果再这样下去，就要在群众会上通报。这下可急坏了娜哈，懒人的名声说出去，谁还愿意嫁给自己儿子。娜哈一家变了样，田里地里忙不停，还主动承担

图 2-62 "先锋强志"素质提升工程家政入户培训

图 2-63　南亢村富俅组乡村文明"红黑榜"

了组里的保洁员，用自己的劳动获取每年 2400 元的收入。

勐卡镇党委书记蓝柯说："'脱委会'委员来自村民，是村民中的先进分子，对全村情况非常清楚，对贫困群众的教育、帮助和督促最为精准、最为有效。"

攻克深度贫困堡垒的第一线，也是打好乡村振兴战略基础的最前沿。"脱委会"委员都来自本村本组，凭借人缘相亲、语言相通的优势，党的扶贫政策不仅能好宣传、好落实，连日常的村务管理难题也做到迎刃而解。

奖惩约束机制让群众"动起来"

力所乡南亢村富俅组，每个月都要开一次村民大会，传达政策、安排生产已不是什么新鲜事，但评定"红黑榜"还是"脱委会"设立后首次加入的议题。

"红黑榜"的设想来自《村规民约》。过去在村里，有规章却不能

图 2-64　西盟村寨悄然刮起了乡村文明新风

有效执行是常有的事。脱贫任务重、时间紧，等不起也拖不得，设立"脱委会"就是要强化执行力。对于做得好的要表扬上"红榜"，对做得不好的就要挨批评上"黑榜"。因为酗酒当"懒汉"，扎丕家在第三季度上了"黑榜"，几个月来，他的改正情况始终在群众的监督下。现在大家觉得扎丕也不喝酒了，天天劳动，这个月的群众大会上，村民举手表决同意扎丕下"黑榜"。

扎丕说："以后我再也不喝酒了，上了'黑榜'我脸上挂不住了，以后我要多去采茶多挣钱，争取上'红榜'。"

娜香和委员们每个月都要入户检查打分，每个季度在村民大会上通报，由群众评选出勤劳致富、勤俭节约、孝敬老人、环境优美等农户上"红榜"，还要评选出脏、乱、差上"黑榜"。"红黑榜"的做法在全县迅速推广，西盟村寨悄然刮起了乡村文明新风，家家比增收，户户比干净，好吃懒做的酒鬼少了，打架斗殴的少了，乡风文明之花竞相绽放在村村寨寨。

皇竹草是饲养云岭牛的一种草料，今年，班母村种了 1250 亩。

十四组的 46 户建档立卡贫困群众都会来地里干活，负责皇竹草收割。西盟县出台的产业利益联结机制规定，群众的每一笔收入都要靠劳动积分来获取。西盟县勐梭镇班母村十四组"脱委会"主任龚学东说："要给建档立卡户知道那个钱不是白白得来的，而是要通过自己做、苦、累才能拿这个钱。现在村上给他们安排岗位任务，不养'懒汉'了，大家就不会有很大意见，希望他们赶快脱贫。"

岩散曾经是勐卡镇莫窝村五组有名的"懒汉"。自成立"脱委会"后，"脱委会"对所有享受资产收益扶贫项目的贫困户进行设岗定责，共设置公共服务类岗位 4 类 28 个，岩散负责 50 米组内道路两旁环境卫生。有了激励机制，岩散每天风雨无阻到自己负责路段打扫环境卫生，通过岗位劳动，岩散知道了"政策不养懒汉"，"懒病"治好了，生活也有奔头了。

同样是新厂镇永广村一组村民岩板苏，曾经是组里的"懒汉""酒鬼"，被选为护林员后，对生活充满了信心和向往。"我现在酒也不喝了，身体更好了，我是村里的护林员，每年有 8000 元工资，我每天都去巡山，检查乱砍树、乱放火的。去年我家青贮玉米收入 4600 元，采茶叶、卖猪、卖牛，今年我家收入 3 万多元，日子是越过越好了。"岩板苏开心地算着每一笔收入。

有了切实可行的制度约束和正向激励，"我要脱贫"就不会成为一句空话。随着"早干多支持，晚干少扶持"的脱贫运行机制深入人心，西盟县贫困群众主动脱贫、敢于脱贫的内生动力得到了前所未有的激发，也赢得了非建档立卡户的认可和尊重。

构建利益联结激励机制，杜绝"养懒汉"。西盟县制定出台了相关政策，设置了发展生产、公共服务两类岗位，规定贫困户只有完成岗位劳动、积极参与村内公共事务才能享受到国家各项惠农政策及获得收益分红，把群众自身利益与脱贫攻坚紧密结合在一起，改变过去直接发钱发物的做法。截至目前，全县共开发生产类和公共服务类岗位 7694 个, 并将肉牛养殖、中蜂养殖、生猪托管寄养等财政支农资金所支持资产收益扶贫项目形成的集体经济收益分配, 与贫困户从事公益性岗位相挂钩, "脱委会"组织建档立卡贫困户通过岗位劳动获得资产收益分红, 人均年增收 2640 元以上。

产业和素质提升让群众"富起来"

"养殖场是用产业扶贫资金建起来的, 贫困群众除了每年能获得分红收益外, 短期来看, 群众种植青饲料就能增收, 以后群众学会了养殖技术就更好了。"新厂镇永广村党总支书记岩刀来算起群众的增收账来却很细心: 青贮玉米每亩平均产量 3 吨, 皇竹草每亩平均产量 5 吨, 种一亩都能给群众带来上千元收益。今年, 在"脱委会"组织下, 全村共种植青贮玉米 1200 亩、皇竹草 700 亩, 将带动全村 300 多户建档立卡贫困户实现脱贫。

图 2-65 "村民小组脱贫工作委员会"带领群众抓生产

图 2-66 西盟县"乡村领头雁培育行动"——红茶加工技术深度培训班

西盟县通过"脱委会"组织，龙头企业带动，贫困群众参与，着力构建利益联结机制，提高农民发展生产的组织化程度，以多种方式，拉紧贫困群众与龙头企业、致富带头人之间的利益联结，引导群众实现资源变资产、资产变股金、农民变股民的转变，有效地帮助农民获得持续稳定的收益。如今，全县逐步培育起肉牛养殖、生态养蜂等一批产业新名片。

勐梭镇他朗村党总支书记、主任岩路是村里小有名气的"党员致富带头人"。过去他朗村产业发展结构单一、技术水平有限、管理方式落后。为破解产业发展难题，他朗村结合村情，探索"党组织 + 合作社 + 农户"的模式，积极争取橡胶、肉牛养殖等项目的支持，发动群众发展甘蔗、咖啡、生猪等种养殖项目。同时，结合各类技能培训帮扶，鼓励青壮年劳动力参加产业培训，增强发展致富手段，2019年以来，他朗村委共组织 360 余名群众参与技能培训，鼓励青壮年外出务工增加收入，外出务工人员人均增收 3 万元左右。岩路通过在外务工的儿子帮助群众销售农产品、手工艺品等方式，带领群众走出了一条"产供销"一体化的新路子。

2018 年以来，西盟县围绕乡村振兴战略这篇大文章，将产业带动与素质提升相结合，着力培养新时代农民，深入实施"先锋强志"素质提升工程，作为巩固提升脱贫成果、提升乡村治理能力、保持收入持续稳定、推进乡村振兴的关键举措。

党建与治理融合让群众"强起来"

清晨，西盟县勐卡镇莫窝村四组广播准时响起，村民们在集中出操结束后，各自回家清扫自家庭院，组里为建档立卡贫困户设置的公益性岗位保洁员各司其职，其间还有专人挨户巡查，记录考勤、打分。自从"脱委会"成立，莫窝从改变村容村貌入手，全面激发群众自我发展的精气神。

"现在人人干劲十足，村里环境好了、人心齐了，产业也发展起来了，'脱委会'起了很大作用。"岩他被推选为"脱委会"主任，带领"脱委会"成员落实"五抓五保"，即抓军训保纪律、抓卫生保环境、抓生产保收入、抓宣传保满意、抓治安保稳定。使莫窝四组的产业生产、环境卫生、社会治安有人抓有人管，村容村貌和群众的精神面貌发生了很大变化。

有了"我要富"的动力和"我会富"的能力，昔日的脱贫攻坚"旁观者"变成参与者、主力军。白天忙着干农活搞生产，晚上忙着到乡村夜校学知识学政策，到广场学跳舞学健身，贫困户以劳获酬脱贫，腰杆挺得更直了。村寨之间比产业发展、比环境卫生、比团结和睦、比勤劳致富成果，中课镇窝笼村六组被评为"全国第五届文明村镇"，被激发出的内生动力成为脱贫奔小康路上一股持久的力量源泉，让阿佤人民走出新路，再唱新歌。

切实发挥好党的优势，把扶贫对象转化为

图 2-67 勐卡镇莫窝村"村民小组脱贫工作委员会"组织村民军训

图 2-68　村寨之间比产业发展、比环境卫生、比团结和睦、比勤劳致富成果。西盟村村寨开展环境卫生大擂台比赛

图 2-69　西盟县"六强化六起来"激发内生动力创新做法刊登在国务院扶贫办 2018 年第 80 期扶贫信息上

扶贫力量，是西盟县打赢打好脱贫攻坚战的基本经验。设立"村民小组脱贫工作委员会"的创新做法得到国务院扶贫办和云南省委省政府的高度肯定。国务院扶贫办、云南省委、普洱市委主要领导分别作出批示。在村民小组设立脱贫工作委员会，既是为打赢脱贫攻坚战努力探索的一套运行机制，也是为实施乡村振兴战略勇于实践的一个工作方法。把脱贫攻坚融入乡村振兴，编好麻花辫、打好组合拳，真正让群众联起来、动起来、干起来、带起来，让农业强起来、农村美起来、农民富起来。

第 3 章

一首新歌

　　告别往昔，走进今天的西盟，一条条宽阔整洁的水泥路，一幢幢错落有致的安居房，一片片生机勃勃的种养殖基地，一个个干劲十足的群众身影……走进西盟县的每一个村村寨寨，映入眼帘的都是一幅产业遍地开花、生活欣欣向荣的新农村画卷。

　　西盟各族群众再次唱响《阿佤人民唱新歌》这首歌，时隔 50 余年的今天，熟悉的旋律，唱出了听党话、跟党走的感恩之情，唱出了对未来美好生活的憧憬和向往，唱出了新时代的阿佤人民的新歌。

第一节　阿佤人民脱贫了

让人民过上幸福美好的生活是我们的奋斗目标，全面建成小康社会一个民族、一个家庭、一个人都不能少。

阿佤人民的脚步从未停歇，在摆脱贫困的路上，以实际行动书写了人类减贫史中国奇迹的西盟篇章！

能否摆脱贫困？如何摆脱贫困？脱贫质量怎么样，小康成色如何？每个地方都在找寻自己的答案，西盟县交出了一份这样的答卷。

2019年4月30日，那是每一个西盟人永远都忘不了的一天，也是刻骨铭心的一天。云南省人民政府召开新闻发布会，向世界宣布西盟县在内的33个贫困县（市、区）退出贫困县序列，率先在"直过民族"地区实现脱贫摘帽，从"阿佤人民唱新歌"到"阿佤人民再唱新歌"，整个西盟大地都沸腾了，每一个人都潸然泪下，心里有说不出的喜悦。

今天的西盟，民族团结进步、边疆繁荣稳定、人民安居乐业，经济社会发生了翻天覆地的变化。

"数说"西盟

"幸福都是奋斗出来的，奋斗本身就是一种幸福。"奋斗者是不畏艰难的追梦者，奋斗者也是矢志不渝的圆梦人。在新时代的坐标点上

图 3-1 佤族群众的幸福新生活

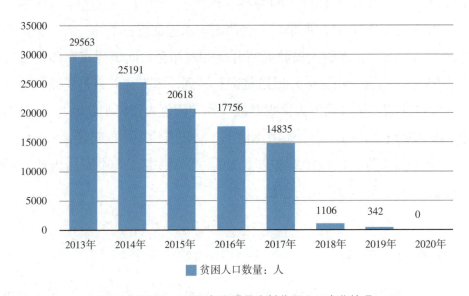

图 3-2 2013—2020 年西盟县农村贫困人口变化情况

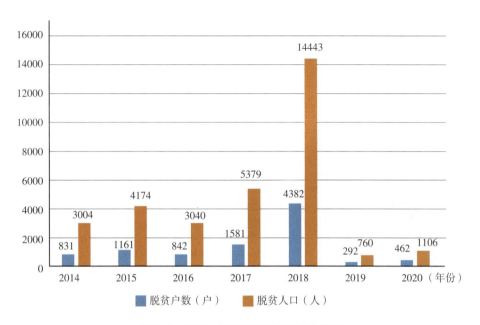

图 3-3　2014—2020 年西盟县减贫情况

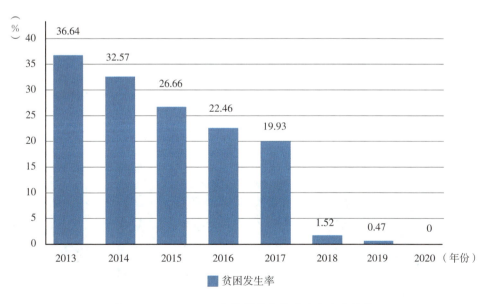

图 3-4　2013—2020 年西盟县贫困发生率变化情况

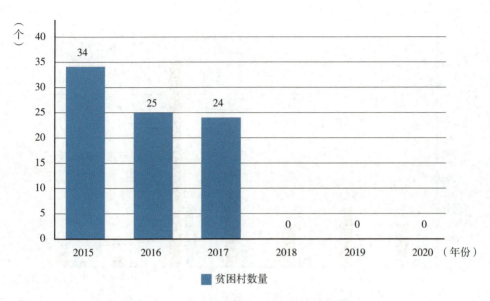

图 3-5　2015—2020 年西盟县贫困村数量变化情况

回望，可以发现西盟县的脱贫攻坚史就是一部从未停歇的奋斗史。

从图 3-3 至图 3-6 可以看出，西盟县贫困人口数量、减贫情况、贫困发生率、贫困村数量逐年降低，在 2018 年降幅最为明显。如果说西盟

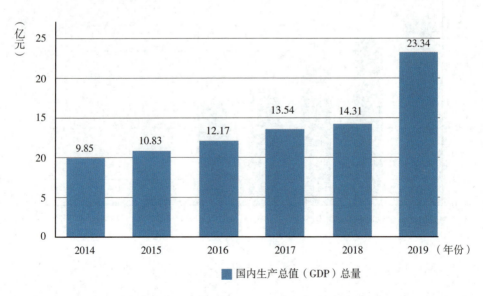

图 3-6　2014—2019 年西盟县国内生产总值（GDP）变化情况

图 3-7　2014—2019 年西盟县农村常住居民人均可支配收入变化情况

图 3-8　2014—2019 年西盟县建档立卡户收入变化情况

县从原始社会过渡到社会主义社会是一次千年跨越的话，那么从整体贫困到实现整县脱贫，西盟县作为"直过民族"地区又实现了一次千年跨越。

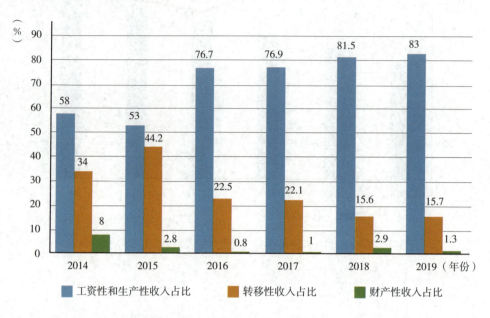

图 3-9　2014—2019 年西盟县建档立卡户收入占比变化情况

从图 3-7 至图 3-9 可以看出，西盟县国内生产总值（GDP）始终保持快速增长的势头，呈现爆发式、跨越式增长态势，农村居民生活水平不断提高，为打赢脱贫攻坚战、全面建成小康社会奠定了坚实基础。

"图说"西盟

脱贫摘帽了，西盟的大地悄然变了模样，农民与市民、乡村与城镇的界线越来越模糊，越来越接近全面小康的梦想，彩电冰箱、手机宽带、农家书屋、进企务工……梦想照进现实，缤纷了生活，从百废待兴到百业兴旺、从边境偏远封闭到改革开放、从温饱不足到吃穿不愁的历史性跨越。

"刀耕火种"到"现代农耕"

图 3-10 在解放初期西盟各族人民还过着刀耕火种、男猎女织和衣不遮体、食不果腹、饥一顿饱一顿的贫困生活。上图为刀耕火种的情景

图 3-11 西盟县实施中低产田地改造、兴地睦边、农业综合开发等农田水利整治工程，改造中低产田地6.48万亩，新增和改善灌溉面积6.47万亩。图为农民丰收的喜悦

图 3-12　解放初期，西盟主要以种植业为主，产业单一。图为犁地，为新一轮种植做准备

图 3-13　专家指导中蜂养殖

图 3-14　西盟县肉牛养殖拉巴科牛场

"茅草房" 到 "现代民居"

图 3–15 解放初期，西盟各族群众住的是窝棚、破旧的茅草房、权权房，生产生活方式极为落后

图 3–16 2015 年，西盟县在全省率先启动农村安居工程 "整县推进" 工作，14739 户群众住上了安全稳固的住房，西盟人民实现了 "千年安居梦"，下图为西盟县勐梭镇秧洛村博航十组新居

图 3-17　实施人居环境提升前的村民家

　　图 3-18　深入开展农村"七改三清"环境整治行动，在村民小组实施亮化、硬化、净化、绿化为主要内容的村庄环境综合整治 368 项。实现 100% 村民小组生活垃圾设施全覆盖，完成 118 项村民小组污水治理工作。图为实施人居环境提升后干净整洁的村民家

"有学上"到"上好学"

图 3–19　上图为 20 世纪 50 年代渴望上学的孩子。下图为 2018 年 12 月 7 日，云南省普洱市西盟佤族自治县勐梭镇班母村佤山育忠幼儿园的孩子跟着老师岩科上音乐课。1986年出生的岩科是班母村佤族寨人。他说，我的阿妈小时候没有进过一天学堂，现在，佤山的孩子们都在宽敞明亮的教室里学习

"杀鸡看卦"到"科学问诊"

图 3-20　在解放初期，西盟各族群众看不起病，生病只能靠"巴才"祈求上天。左图为 20 世纪 50 年代卫生兵向马散群众宣传普及医疗知识

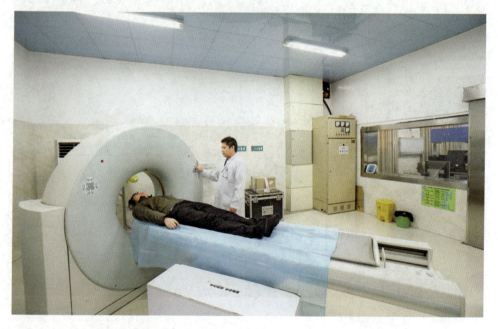

图 3-21　西盟县严格落实基本医疗保障政策，落实贫困人口参保缴费补贴政策，实现应保尽保。实行贫困人口县域内住院"先诊疗后付费""一站式"结算服务政策。图为西盟县人民医院先进的医疗设备

"竹筒背水"到"自来水"

图 3-22　解放初期，西盟各族群众饮水主要靠竹筒背水和竹槽饮水。图为用竹筒背水的妇女

图 3-23　西盟县实施农村饮水安全巩固提升工程 336 件，修建渠系建筑物 580 座、蓄水池 369 个，有效解决了县域群众饮水安全问题。图为用自来水洗菜的妇女

"人背马驮"到"交通便利"

图 3-24　解放初期，西盟各族人民走的是泥泞的羊肠小道，出行极其困难，有的佤族群众一辈子都没有离开过家乡。图为骡马队走羊肠小道运物资到佤族各村寨

图 3-25　往返普洱和西盟的客车

图 3-26　景迈机场通航

"物资匮乏"到"购物便利"

图 3-27　解放初期西盟贸易公司

图 3-28　蔬菜种类丰富

"老无所养"到"老有所依"

图 3-29　解放初期，生活贫苦、老无所依的老人

图 3-30　喜领养老金的老人

"团结友爱"到"团结进步"

图 3–31　图为 20 世纪 50 年代团结友爱发展生产获奖者

　　图 3–32　今天的西盟，民族团结进步、边疆繁荣稳定、人民安居乐业，经济社会发生了翻天覆地的变化

第二节　阿佤人民再唱新歌

"脱贫摘帽不是终点，而是新生活、新奋斗的起点。"习近平总书记在决战决胜脱贫攻坚座谈会上的重要讲话，强调要接续推进全面脱贫与乡村振兴有效衔接，推动减贫战略和工作体系平稳转型，统筹纳入乡村振兴战略，建立长短结合、标本兼治的体制机制。

党的十九大报告提出了加强农村基层基础工作，健全自治、法治、德治相结合的乡村治理体系的具体要求，为加强农村治理指明了方向。乡村振兴，摆脱贫困是前提，也是我们必须坚决扛起的历史责任，贫困群众不能落下，贫困乡村不能缺席。在新的历史背景和发展契机下，西盟佤族自治县充分发挥脱贫攻坚的实践经验，接续推进全面脱贫与乡村振兴的有效衔接，促进贫困群众持续稳定增收。

发挥减贫带贫机制上的溢出效应

脱贫攻坚战役中，西盟县通过政策的引导、群众的参与、环境的营造、资本的杠杆，建立立体化、全方位的帮扶方案和体系，形成了可持续扶贫脱贫的长效机制。乡村振兴中，既要发挥好现有减贫带贫机制的溢出效应，突出经营主体的带动作用，提升小农生产经营组织化程度，把小农生产引入现代农业发展轨道；也要持续加大产业投入力度培养优势产业和特色产业；还要重技术、拓市场、育品牌，把绿色的生态资源优势转变为经济带动农业农村发展的经济优势。

座座青山变金山

短短一个多月，每天巡山护林回来，还能销售采摘的野生菌挣到五六千块钱。护林员扎克从没想过，十多年前的退耕还林能让自己过上这样的好日子。

扎克一家住在西盟县勐梭镇王莫村六组，这里背靠着 11185.5 亩的生态公益林，被誉为"西盟县野生菌食用基地"。每年一到雨季，漫山遍野的"野菌子"就成了

图 3-33　漫山遍野的"野菌子"成了扎克家脱贫致富的"钱袋子"

群众脱贫致富的"钱袋子"。"靠山吃山、养山兴山、兴山致富"的绿色发展理念，让这里的群众端起了"绿饭碗"，吃上了"生态饭"。

旱谷地变成"致富林"。"以前这里是我们寨子的旱谷地，靠山吃山，却越吃越穷，实施退耕还林后，这里不仅变成了县城主城区的保护水源地，还成了我们这边群众增收的'致富林'。"扎克说。从每年 6 月底开始，群众就开始忙活起来，每天早出晚归，收获着大自然的慷慨馈赠。"因为自然条件好，大红菌、奶浆菌、干巴菌都特别多，一天可以来回两转，找到的菌子可以卖到四五百块钱，已经成为我们寨子里老百姓的重要经济来源了。"

菌子可以变"票子"，群众的观念也转变了。"现在寨子里出去外面打工的年轻人越来越少了，因为在家可以种甘蔗、种茶叶，还可以去找菌子来卖，每年的收入能达到两万多元。"村民小陆说。

人人都是"护林员"。"除了找菌子卖，我们还会去找野生蜂蜜和中草药来卖，山里面的东西都是宝呢。"村民小陆乐呵呵地说。一边守护好生态环境，一边依托资源优势发展产业的"靠山吃山"路子越走越宽，西盟用实践作答了"绿水青山就是金山银山"。

生态环境保护得越好，山林间孕育出来的"宝物"就越多。尝到

图 3-34　超大的鸡枞菌是大自然的馈赠

了绿水青山释放出的"生态红利"，如今的西盟村村寨寨与林为伴、靠林致富，不同的是，人们不再是一味索取，而是将绿水青山视为幸福生活的"靠山"。

"现在老百姓保护森林的意识越来越强，就算不是护林员，每个人上山看见有人乱砍滥伐都会主动举报。因为守住了这片绿水青山，就守住了我们自己的绿色饭碗。"扎克说。

近年来，西盟县牢固树立"绿水青山就是金山银山"的理念，坚定不移走生态优先、绿色发展之路，生态扶贫成效显著。绿水青山的自然生态成了西盟县最大的自然财富和经济财富，走出了一条生态美、产业兴、百姓富的可持续发展之路。

种好有机茶　引得凤凰来

四月的西盟，春暖花开，万物复苏。力所乡南亢村商烟街茶厂700亩的有机生态茶园里，茶农们正在忙碌采摘今年的第一拨春茶。这片平均海拔1800米左右的有机生态茶园，种植了7000多棵香樟、樱桃、水冬瓜等8类立体覆荫树。生态的自然环境、独特的海拔气候，造就了有机生态茶叶独有的品质。

"我家茶叶不打农药，不施肥，虽然产量不增加，但是价格一直在提高，今年一级鲜叶价格12元，我们收入一年比一年高。"南亢村商烟街茶厂茶农建档立卡户扎海说。他家管着茶厂13亩有机茶，2018

图 3-35　南亢村商烟街茶厂俯瞰图

年收入达到 2 万多元。

商烟街茶厂通过县委政府牵线搭桥，在西盟定点帮扶单位中旅集团的帮助下，建立了一套智慧农业系统，能实时传送风速、风向、光照、降雨量、空气湿度、温度、土壤水分等数据，这对有机茶园管理起到了分析指导作用。

图 3-36　扎海家的有机茶

"2018 年 5 月，我们茶厂取得国标的有机茶园证书，完成了 800 亩转化有机茶园，现在茶叶价格最高卖到 390 元每公斤，8 月茶厂被中国电商扶贫项目选定

图 3-37 茶叶丰收，商烟街茶厂厂长周扎戈笑逐颜开

图 3-38 有机茶园茶叶长势良好

为西盟'互联网+扶贫'示范县合作伙伴；2019年1月，我们商烟街茶叶农民合作社被中国扶贫基金会善品公社授予'三星级示范合作社'。"西盟县商烟街茶厂厂长周扎戈说。

近年来，西盟县加大招商引资力度，引导获得有机茶园认证的商烟街茶厂、莫窝茶厂和已取得有机茶园转换证的水木茶庄园、彩云茶厂等8家企业与普洱祖祥高山茶园有限公司签订了有机茶园开发合作协议，积极引导各茶叶生产加工企业和茶农做好覆荫树树体培养、修剪工作，使得土壤结构进一步优化，有机养分更加丰富，生态环境不断改善，生态效益不断彰显，为茶农增收的同时，也为西盟建设绿色、生态、有机、安全的茶叶生产基地提供强有力的保障。

茶产业是西盟农业优势传统产业。2019 年，西盟县采取"企业＋基地＋合作社＋农户"或"基地＋合作社＋农户"模式，建成生态茶园5.2 万亩，其中有机茶园认证面积 3008 亩。茶叶初制所 53 个，带动农户 7858 户 3.66 万人，其中建档立卡户 3626 户 1.22 万人，实现户均增收6500 元以上。

图 3-39　群众采收茶叶

图 3-40　春茶采摘

图 3-41　西盟有机茶园美如画

"发展西盟有机茶产业，一定要围绕市场做文章，要鼓励农户、合作社、企业通过拥有自己的品牌认证、独立包装和销售渠道，找到属于自己的市场和消费群体。政府要发挥统筹资源的能力，搭桥修路，建立和拓展销售渠道。"上海援滇挂职干部、西盟县委常委、副县长李澄说。

西盟县以建设绿色、生态、有机、安全的茶叶生产基地为目标，擦亮"普洱茶"金字招牌，依托西盟特色民族文化，使用统一区域"中国·西盟"公共产品标识，坚持全县茶产业的"有机"发展路径，全力打造西盟茶的"有机"形象，奋斗当时，未来可期。

轻简化种植　"蔗农"生活节节甜

开春，西盟县勐梭镇班母村六组的甘蔗地里，云南省农科院甘蔗研究所刘少春主任和技术专家一行人正在进行甘蔗高产优质抗逆简化种植技术培训，专家从整地、下种、施肥、施药、覆盖地膜栽培环节逐一讲解示范。

2018 年全膜覆盖轻简化甘蔗栽培技术很快覆盖到各乡（镇）8000 多亩，2019 年西盟持续高温干旱的天气，正考验着全膜覆盖轻简化甘蔗栽培技术种下的甘蔗生长。省农科院技术专家再次来到甘蔗栽培示范点，只见甘蔗一茬茬约半米高，长势喜人，且并未受到旱灾袭击，在覆盖的地膜上可以看到许多水珠，这保证了甘蔗生长的水分需求。

"我家盖膜的这片甘蔗长得好，还发出了新芽，那边几家传统种植的已经晒得芽都出不来，今年可能没收成了。"村民岩鸟指着自家的甘蔗地说。

甘蔗产业是西盟县持续稳定带动群众脱贫致富的重要产业之一。近年来，西盟县大力实施甘蔗技能提升全覆盖，充分发挥科技专家团

图 3-42　西盟县全膜覆盖轻简化甘蔗栽培技术覆盖到各乡（镇）

图 3-43　采用全膜覆盖轻简化甘蔗栽培技术下的甘蔗长势喜人

队的优势，积极推广甘蔗先进实用技术，增强农作物抵御自然灾害的能力，从而降低农户的经济损失，促进群众可持续稳定增收致富。

气温有所回升，又有小量降雨，正是甘蔗种植最佳时期，群众都下地忙活起来，科技人员直接来到田间地头，

图 3-44　勐卡镇班哲村村民砍收甘蔗

现场培训甘蔗全膜覆盖轻简化种植等技术，让群众及时掌握科学的栽种方法，确保甘蔗产业提质增效。

甘蔗下苗、施肥、薄膜覆盖……处处可见繁忙劳作的身影。"甜蜜"的种苗生长在西盟充满希望的土地上，未来将收获属于小康路上的幸福。

发挥农村治理体系和治理能力的溢出效应

脱贫攻坚战役中，通过"五级书记抓扶贫、党政军民齐上阵"的生动实践，西盟县构建农村管理的大数据系统，形成条块结合立体多维、数据精准信息全面、帮扶措施到人到位的农村治理体系。乡村振兴中，要继承发扬现有的农村治理体系，在全面把握村情的基础上，通过明确自我定位、提高效益意识、细化责任主体等举措，实施更加精细化的农村治理措施，加快推进乡村治理体系和治理能力现代化建设。

西盟县探索实施"星火行动"，用点点"星火"点燃群众脱贫致富的梦想，让"星星之火"形成燎原之势，引领基层各类组织自觉贯彻党的主张，确保基层治理朝着正确方向前进。

"星火支部"创建行动

建立城乡互帮互促的党建工作格局，通过党课同上、活动联办、工作联抓、阵地联享等方式，全面开展机关党组织与农村党组织结对共建，推动干部、资源"双下沉"，帮助挂包联系村完成党支部标准化规范化达标创建、培养致富带头人等 5 项工作，着力增加先进支部、提升中间支部、整顿后进支部，不断强化基层党组织政治功能和服务功能，有效助力脱贫攻坚和乡村振兴。实施"星火支部"创建行动，让党支部和党员在活动中找到了实现自身价值的有效载体，在全

[][][]

图 3-45　开展"星火支部"创建行动，在全县形成了支部创"优"、党员争"星"的浓厚氛围

图 3-46　力所拉祜族乡开展"自强、诚信、感恩"主题教育活动

县形成了支部创"优"、党员争"星"的浓厚氛围。

"我们寨子唯一的建档立卡户扎儿,是个懒汉酒鬼,没有收入来源,组里安排他做保洁员,因经常醉酒,寨子卫生也没人打扫。前些日子扎儿生病了,他是五保户没人照顾,我们彩云茶厂党支部党员集体商议,决定把他送往县医院救治。他住院一周,我们轮流陪护了一周,吃喝拉撒都是我们照顾,不是亲人胜似亲人。出院后的他,戒了酒,理了头发,每天很早起床,抬着铲子扫帚,先将公厕打扫干净,又清扫寨子主路,村民房前屋后的白色垃圾也不放过,似乎想把过去因醉酒耽搁的卫生都补回来。"力所乡南亢村彩云茶厂党支部书记娜丕说,"我们寨子的这块'顽石'终于被党员坚持不放弃的帮助感动了。"

农村富不富,关键看支部。基层党组织是全党工作和战斗力的基础,只有加强和改善党组织,群众才有主心骨,才能凝心聚力,脱贫攻坚、乡村振兴才有强有力的组织保障。

"星火燎原"帮扶行动

进一步压实帮扶责任,将帮扶措施项目化、具体化、清单化和责任化,指导挂包干部当好群众的学习顾问、理财顾问、健康顾问、道德顾问,让农村成为干部成长的大熔炉。学习顾问重点做好政策宣传解读,培养一名家庭明白人,督促群众参与产业发展项目或外出务工。理财顾问重点帮助群众算清家底账、生活账和积累账,确保每个农户至少有一个增收主导产业。健康顾问重点引导群众患病及时就医,养成良好生活习惯。道德顾问重点引导群众爱国爱党、遵纪守法、守边护边。实施"星火燎原"帮扶行动,一方面解决了帮扶干部不懂扶贫、不会帮扶的问题,融洽了党群干群关系;另一方面让群众来评判干部干得怎么样、脱贫工作实不实,倒逼帮扶干部主动作为、务实工作。

"星火服务"志愿行动

西盟县以新时代文明实践中心为平台，组织动员全县党员干部、志愿服务队伍进社区、进乡村、进基层，开展形式多样的志愿服务活动，大力弘扬奉献、友爱、互助、进步的志愿精神，让志愿服务的点点"星火"燃遍村村寨寨每个角落，不断提升群众思想觉悟、道德水准、文明素养和社会文明程度。

孟夏五月，夜幕降临，"红马甲"志愿者们奔波在城区的各个社区、居民楼，开展入户宣传，提高市民对创建第六批市级文明城市的知晓率和参与率。城区勐卡路十字路口，志愿者石海燕忙着做交通引导服务，"西盟是我的家，为自己的城市出力，我觉得是应该的。我在做引导服务时，看到很多市民都会自觉遵守交通规则，我真为西盟感到骄傲。"

"我们主要是在人流集中的路段，特别关注老人和孩子过马路，提醒车辆让行，提醒大家走斑马线。大家对我们的服务鼓励支持，很多人都感谢我们，我觉得特别有意义。"老年志愿者娜她阿姨充满了干劲。在西盟县城的街道上，佩戴着"西盟县新时代文明实践中心环保志愿者"红袖标的老干部们正在捡拾城市垃圾，耐心细致维护美丽县城的环境卫生。

"九月九来了，一切温暖如期而至。"西盟敬老院的李大爷笑着说道，"对呀，还记得上年也是这个时候，志愿服务队员们穿着红马甲、带着医生和理发师来为我们服务。"

图 3-47 "红马甲"志愿者们引导群众遵守交通规则

中课镇南卡河时常闪现着一群"红马甲"，他们时而拾垃圾，时而清河道。"南卡河是我们的母亲河，过去河道治理难，河道垃圾难清理，南卡河受到破坏。我们看在眼里急在心

图 3-48 "红马甲"志愿者们为敬老院老人们理发

图 3-49 "红马甲"志愿者们在清理河道垃圾

里，今天志愿服务队来清理才放下心来。"志愿者黄跃说，中课镇新时代文明实践站组建了一支"守护母亲河"志愿者服务队，参与到南卡河道治理中来。

西盟县新时代文明实践"红马甲"志愿者队员们的身影点缀在街头巷尾，似点点星火点亮了阿佤山的村村寨寨，新时代文明实践让人"动起来"，志愿服务"活起来"。

巩固党在基层执政基础的溢出效应

脱贫攻坚使党的基层组织建设更加稳固，与人民群众的感情更加深厚。习近平同志在《摆脱贫困》一书中指出："脱贫越深入，农村第一线党组织的力量越要增强。"

图3-50　疫情期间，"疫情防控服务队"通过"敲门行动""暖心快递""夜间骑行巡逻"等方式，全面发动群众、依靠群众，实行"最小单元管控"，建立多层级网格化管控机制，创新"党建＋基层治理"新模式

西盟县在脱贫攻坚进程中，所有帮扶干部走村入户，积极宣传政策、带领群众发展产业、完善村庄治理，加强了村级党组织的力量，给农村带来了思想观念、农业技术等方面的改革创新，为乡村发展带来了活力和智力支持，增进了干部对群众的感情，也增进了干部对国情、广大农村的了解和理解。同时，结合西盟实际，在村民小组中成立"村民小组脱贫工作委员会"，由村两委和村民小组党支部组织召开村民大会，推荐选举产生出生产、生活、宣传和治安等委员，为解决村"两委"人手少、事务多、工作开展困难等问题开辟了新路，全面强化了基层党组织的领导核心作用，切实提升了党组织的组织力，有效激发了群众的内生动力，也为乡村振兴留下了一支"永不撤走的工作队"。

疫情防控中，各级基层组织深入疫情防控第一线，把脱贫攻坚中的好经验、好做法充分运用到疫情防控工作当中，全面有效地组织群

图3-51 疫情期间，"守护家园服务队"开展边境巡逻

众、宣传群众、凝聚群众，"村民小组脱贫工作委员会"就地变身为"疫情防控服务队"，担当起防疫宣传员、防控知识普及员、疫情监控排查员、活动聚集劝阻员、困难问题协调员，全面建立县、乡镇以及社区（村）防控网络，在重大考验中践行初心和使命，切实增强了村级党组织的凝聚力、战斗力和号召力，巩固了党的执政基础。

"疫情防控服务队"的岳宋村岩卡刚值守了一个通宵，"只要团结一致，没有过不去的坎，我们和家里人都商量好了，不讲条件，该下地干活的就去，该出力值守的就来值守，说什么也要把第一道防线守好！"随着境外疫情的蔓延，边境防控压力巨大，越来越多的党员和群众加入守边戍边的队伍，他们搭起帐篷、架起锅灶，在辖区边境线重要道路口和便道设置 25 个境外疫情防控点，建立 24 小时的值班、巡逻制度。

图 3-52　疫情期间，"疫情防控服务队"队员们组织群众有序复工复产

在疫情防控紧要时期，正值春耕生产的关键时期，一手抓疫情防控，一手抓春耕复产。李金发带着"疫情防控服务队"队员们，发动有技术有能力的群众加入服务队开展工作。组织善于宣传政策的进村入户开展工作，组织有技术的指导其他村民尽快复工复产，熟悉外地打工务工路径群众的配合着政府的工作组织群众外出务工……通过"疫情防控服务队"，有效统筹全村的人力资源，有条不紊地实现战"疫"战"贫"齐步走。

农村基层党组织处在脱贫攻坚、乡村振兴的最前沿，接续推进全面脱贫与乡村振兴有效衔接，必须始终坚持党的领导，把夯实基层基础作为固本之策，充分发挥脱贫攻坚巩固党在基层的执政基础的"溢出效应"，建立健全党委领导、政府负责、社会协同、公众参与、法治保障的共建共治共享乡村社会治理体制。

培养锻炼一大批乡村振兴队伍的溢出效应

人才是发展现代农业的带头人，是带领农民增收致富的"领头雁"，是助推乡村振兴的奠基石。为了推进脱贫攻坚和乡村振兴有效衔接，近年来，西盟县通过深入实施"先锋强志"素质提升工程、"乡村领头雁培育行动"，着力推动农村带头人队伍整体优化提升，力争到 2020 年底培育出 2020 个"致富带头人"，让十名"领头雁"为乡村振兴赋能。

科学养殖"小迷弟"梦想实现

一大早，西盟县中课镇窝笼村的村民尼文就匆匆起床，到自家的腺鸡养鸡场里饲喂好鸡后，便立马赶到村上参加"先锋强志"实用技术培训，对于今天要讲授的腺鸡阉割专业技术知识，尼文期待已久。

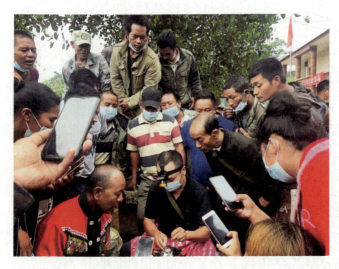

图 3-53 "先锋强志"实用技术培训，老师正在讲授腺鸡阉割专业技术知识

图 3-54 尼文在老师的指导下现场实操腺鸡阉割

"我们阉腺鸡的传统方法失败率挺高的，方法不得当，经常导致鸡大出血死亡。"因为肉质鲜美、价格高并且比一般土鸡大 1—2 倍，养腺鸡在窝笼村已经有很多年的历史了，但由于幼鸡的出生率低、公鸡少以及传统的阉鸡方式存活率低，窝笼村原来的腺鸡养殖一直处于量少、规模小的阶段。

"传统的阉腺鸡差不多学了五年，我一直想学点新的阉制方法，专门上网查找一些相关的资料，还有视频来学习，但是一直得不到实际操作。"虽然翻阅很多次资料，看过无数遍的教学视频，但由于没有专业人员的指导，尼文每次的实际操作都以失败告终。

培训现场，授课老师动作熟练，使用专业工具进行刀切，小手术很快完成。"今天老师讲得很清楚，也现场操作道具，然后我自己也操作了一下，感觉这种方式又好又快，而且更安全，我操作更顺手了，学会这个技术，我就要发展腺鸡养殖。"在老师手把手的指导下，尼文很快就掌握了要领，他相信科学的养殖方式会给他的腺鸡养殖事业带来更好的发展。

庄稼人变"农专家"

"种苞谷的大行距是
八十分，小的四十分，
株距二十分，要一颗一
颗地定，这个是种苞谷
的技术……"10 月 22 日，
在参加完中课镇嘎娄村
"先锋强志"实用技术培
训后，村民岩文给老婆
滔滔不绝地讲着这两天
学到的知识。"比如鸡拉
肚子的话，可以用青霉
素还有土霉素给鸡打针，
以前我们都不知道要怎么治……"

图 3-55 "先锋强志"玉米种植技术培训

同样，今年已经 59 岁的村民岩龙太也在培训时听得津津有味，
老师的专业讲解为他解答了多年来的疑惑。"我家是种了十多亩的玉
米，会经常遇到病虫害这些问题，但我们不知道病因是什么，这次的
培训班做得很用心，学到了不少的知识，为我们生产生活方面解答了
很多问题，有很好的帮助。"

直播带出致富新模式

"我现在直播卖货差不多每个月有 200 多单，主要是销售佤族传统
服饰，也带着卖一些茶叶、蜂蜜、米荞等西盟特色农产品。每个月纯
收入稳定在 1 万以上，最高的时候到了 2 万。"叶龙是西盟县勐卡镇的

图 3-56 叶龙通过网络直播带货

图 3-57 叶龙整理服装，发货到全国各地

一名"90后"姑娘，从最开始的直播只为玩乐和消遣，到现在的每个月直播卖货纯利润达 1 万元以上，网络直播成了她增收致富的渠道。

"刚开始的时候每天从早到晚忙碌在直播间里，一个月直播下来，东西没有卖出去，我也不知道问题在哪里，就想放弃算了。"抱着困惑，2019 年叶龙参加了西盟县开展的"先锋强志"素质提升工程电子商务人才培训，学习到了专业的电商技能知识。之后她开始在直播中改变方式，加入佤族歌舞表演，用心推介佤族文化，不到一个月的时间，叶龙的粉丝涨到了 2 万多，喜爱佤族文化元素的粉丝们开始购买叶龙推荐的产品。"培训内容对我们来说很有用，让我们老百姓掌握越来越多的致富门路。"叶龙说。

为了让越来越多的"田秀才""土专家""新农人"等乡土人才破"土"而出，从 2019 年开始，西盟县本着"实际、实用、实效"的原则，围绕全县的重点产业和群众需求量身定制、量体裁衣，采取"理论＋实操"培训与"重点＋一般"培训相补充的培训方式，主要对蜜蜂、肉牛、畜禽养殖以及农家菜烹饪等工种进行培训，着力培养一批新型职业农民、农村致富带头人，有效提升农村劳动力转移就业和发展产业的技能水平。一个个乡村"领头雁"的飞跃，将以星火之光，为西盟县乡村振兴赋能。

第三节　更好的日子还在后头

告别往昔，走进今天的西盟，一座座美丽村寨焕发生机，一个个绿色发展项目拔地而起，一项项荣誉接踵而至，让阿佤人民一步步走出"深闺"，走向全国、走向世界。

2019 年 10 月 17 日，从北京传来喜讯，在 2019 年全国脱贫攻坚奖表彰大会暨脱贫攻坚先进事迹报告会上，西盟县荣获"全国脱贫攻坚组织创新奖"，这是国家对脱贫攻坚工作先进典型的最高认可。

原生态歌舞《佤部落》在国家大剧院上演

木鼓声声中，佤族小伙粗犷纯朴，佤族姑娘热情奔放……

原生态歌舞《佤部落》在国家大剧院上演，演员们通过精湛的表演，再现了佤族从原始社会中走来，繁衍生息在佤山这片神奇而美丽的土地上，对自然的敬畏、期盼和崇拜，集中展现出佤族像火一样热烈奔放的民族性格和西盟佤山之美；一曲《阿佤人民唱新歌》传递了佤山各族人民建设美丽家园的豪迈之情，表达了在中国共产党的领导下，西盟人民自力更生，用自己的勤劳和智慧创造美好生活的坚定信念；原生态佤族民间传统乐器演奏和传统的剽牛、祭拜仪式等宗教文化以及原始古朴的交响曲为首都的观众带去了一场精美的视听盛宴。

从原始社会末期一步跨入社会主义社会的西盟县，是人类社会发

图 3-58　中央领导同志接见 2019 年全国脱贫攻坚奖获得者

图 3-59　佤族文化走出去，原生态歌舞《佤部落》在国家大剧院演出

图 3-60　大型佤族舞蹈诗《阿佤人民再唱新歌》

图 3-61 勐梭龙潭国家 4A 级旅游景区

展的"活化石",被誉为"人类童年",较为完整地保留了独特的民族文化。大量的神话史诗、诗歌谚语、服饰歌舞、民居习俗都是祖国民族文化宝库中的瑰宝。

佤族原生态歌舞《佤部落》在国家大剧院演出,西盟民族文化工作队成为全国首个登上中国最高艺术殿堂的县级民族文化工作队。

"村村寨寨,打起鼓敲起锣,阿佤唱新歌……"自 20 世纪 60 年代起,一首《阿佤人民唱新歌》唱遍了中国大江南北,成为几代人的共同记忆。大型佤族舞蹈诗《阿佤人民再唱新歌》被国家文化和旅游部评为"2018 年全国优秀现实题材舞台艺术作品",也被国家民委列入支持《云南省建成民族团结进步边疆繁荣稳定示范区合作协议》备忘录。

西盟县全力打造"健康生活目的地",先后荣获中国最美休闲度假旅游名县、省级旅游扶贫示范县、省级全域旅游示范区等荣誉称号，成功创建勐梭龙潭国家 4A 级旅游景区、普洱首个省级旅游度假区、佤族部落省级旅游度假区，仅 2019 年就吸引了 137 万游客到西盟旅游，带动县内农产品消费、旅游产品消费达上亿元，一个全新的健康生活旅游目的地已经形成。

跨越 69 年的"时代对话"

从小听拉勐外公故事长大的岩克姆是云南普洱西盟的佤族干部，他有着佤族人倔强的一股劲。他当过兵，在乡镇任过职，2017 年以来，作为县委统战部部长的岩克姆牵头推进全省、全国民族团结进步示范县创建工作，他的脚步遍及偏远示范点村寨，座谈交流找亮点找问题、实地查看人居环境，查看生猪、牛、鸡养殖及咖啡、澳洲坚果种植等产业情况，指导基层解决创建中的问题。2018 年西盟县中课镇、翁嘎科镇 7 个村 14 个村民小组 62 户农户创建为全省民族团结示范镇、村和示范户；2019 年，西盟县再次向创建全国民族团结进步示范县冲刺。

9 月 27 日是岩克姆一生中最幸福最激动的一天。他带着全县人民的嘱托，到北京出席全国民族团结进步表彰大会。当沉甸甸的"全国民族团结进步模范集体"奖状捧在他手上时，他的眼眶湿润了：这是对全县民族团结进步工作的肯定！这是奋斗者的奖杯！这是边疆繁荣稳

图 3-62　身穿红色佤族礼服的岩克姆在天安门广场，作为全国少数民族参观团的一员观看庆祝活动

定进步的丰碑！

参加表彰大会后，岩克姆作为佤族代表有幸参加了中华人民共和国成立 70 周年庆祝大会。9 月 30 日的庆祝大会又是他刻骨铭心的一天。当威武雄壮的徒步方队一一从他面前走过、装备精良的装备方队从他面前驶过、技术高超的空中梯队从他头顶划过、导弹方队载着最先进的武器从他面前缓缓驶过时，来自西南边陲的佤族干部见证了祖国的繁荣昌盛，他已经无法用语言来阐释内心的激动，他只能不停地欢呼着、使劲挥舞着手中的红旗，任泪水不停地在脸上流淌。

69 年前，外公拉勐进京，看到的是一个站起来的新中国，向毛主席表达了阿佤人民愿意永远跟党走的意愿！那时候的佤山，是原始贫穷和愚昧落后的。

69 年后，外孙岩克姆进京，看到的是一个富起来、强起来、进入新时代的新中国，他向习近平总书记汇报了西盟人民脱贫摘帽的喜讯！今天的西盟是美丽、幸福、和谐、宜居的新佤山，这是西盟几代人在中国共产党的领导下，坚守初心，共同努力奋斗创造出来的。

岩克姆在宣讲会上几度哽咽，说出了肺腑之言：我们要感恩伟大的党！我们要感恩伟大的祖国！没有中国共产党，就没有新中国！没有中国共产党，就没有西盟的今天！是中国共产党带领阿佤人民从原始社会末期、奴隶社会初期迈入了社会主义！是中国共产党带领人民军队粉碎了残匪的一次次进攻，彻底解放了阿佤山！是中国共产党带领阿佤人民摆脱绝对贫困，过上了更加幸福的生活！

佤族干部的人生梦想

"今天，我们佤族同胞已经进入了新时代，过上了好日子，住上了新房子，娃娃有学上，群众有事做，阿佤人民再唱新歌，幸福的道路越走越宽阔。"2018 年 5 月 24 日，十三届全国人大代表、西盟县委常委、政法委书记魏金龙"晒"出了佤族人民的新生活。43 岁的魏金龙多年工作在西盟县扶贫第一线，亲身经历了佤族群众生活从贫穷到富裕的变化。

"贫穷是心里难熬的痛！"那些悲痛的场景常常浮现

图 3-63　2018 年 3 月，魏金龙以十三届全国人大代表的身份，第一次走进人民大会堂

在魏金龙的脑海里。2003 年，刚刚到县民政局工作的魏金龙遇到过太多心痛的事。有父母因孩子生病无钱医治而发愁的；有年纪轻轻因没文化、没技术、收入低被列为建档立卡贫困户的；有不想劳动沉迷于喝酒，浑浑噩噩过日子的……多年来，因为交通的不便，思想的封闭和落后，贫困一度成为佤族难以逾越的障碍，也一直是魏金龙心里抹不去的痛，让自己的同胞摆脱贫困成为魏金龙人生的梦想和追求。

2015 年 6 月，担任中课镇党委书记的魏金龙，肩负组织的信任和群众的期盼，以党建为引领，率领全镇人民投入脱贫攻坚战场，将中央精准扶贫方略、产业带动促脱贫落实到基层，将县委政府中蜂养殖项目引入农村，还与企业合作发展了无筋豆、长寿豌豆、油辣等高附加值农业产业项目，为乡镇搭建了良好的产业发展平台。因地制宜确定中课镇"稳胶、强蔗、兴林、促畜"的产业发展思路，形成甘蔗、橡胶、核桃三大产业带。同时，培育了刺竹、油菜、砂仁等多元特色产业，开发订单农业，实现了村民增收致富。贫困户岩瓜仅种植收入就达 65000 元，因勤劳脱贫还当上了副组长。43 岁的"懒汉"贫困户扎迫养了中蜂，种了无筋豆、甘蔗，2018 年实现家庭人均纯收入达 14000 多元，搬进新房，过上好日子。曾经的"懒汉"变成了"致富能手"，从"要我脱贫"转变为"我要脱贫"。在魏金龙的带领下，中课镇干部职工和扶贫队员们坚守脱贫攻坚第一线，迎难而上，最终实现了中课镇的脱贫，更是抚慰了魏金龙难熬的心痛。

2020 年突发的新冠肺炎疫情，让边境贫困地区医疗卫生和疾病预防体系的短板显得尤为突出。全国人民代表大会上，魏金龙带去了《关于支持边境县医疗卫生和疾病预防控制体系建设的建议》和《关于加快推进瑞孟沿边高速公路建设的建议》，希望引起国家和相关部门的重视和支持。

佤族白鹇鸟

2017 年 10 月，杨娜光荣当选十九大党代表。当走上党代表通道、在人民大会堂聆听习近平总书记作报告时，心里无比激动。人民大会堂里国歌旋律响起后，内心激情澎湃的杨娜流着眼泪唱完了国歌……

图 3-64　杨娜在十九大党代表通道发言

图 3-65　杨娜在村寨里进行十九大精神宣讲，把党的声音传遍阿佤山寨

　　党的十九大刚刚闭幕，杨娜归心似箭，急切地想把十九大精神带回家乡。

　　"十九大精神传到阿佤山，阿佤人民心向党；实施乡村振兴战略，农业农村优先发展……啰西贡！哎！啰西贡！哎！江三木啰！"杨娜作为宣讲团主要成员，她唱的佤族歌曲旋律一出，群众便随着唱起来。这样的热烈场景在杨娜走过的机关、军营、企业、农村、学校、社区时时上演着。

　　"我们宣讲团用普通话对干部职工宣讲，用佤语和方言向群众宣讲，到偏远的佤族村寨，我们把宣讲内容编进佤歌里，唱给乡亲们听。"杨娜声音嘶哑却笑容满面地说。

文艺宣讲的歌声唱到茶地、山谷、胶林，唱给劳作的群众听，有的老百姓听到她的歌声也会跟着唱，一传十、十传百，好政策传遍了村村寨寨。

娜布拉的"阿拉松梦"

"阿拉松"在佤语里是被石头围着的地方。阿拉松是西盟县勐卡镇莫窝村的一个寨子，因村寨的四周都是石头而得名。过去的阿拉松，被认为是最贫穷落后的一个地方。

娜布拉，"90后"佤族女孩，在阿拉松出生长大。2014年7月，她从云南经济管理学院毕业后，毅然选择返乡创业。

走出了石头山的女孩又重新回到被石头包围的山村，村民并不理解，好不容易走出石头山的大学生，为什么要回来呢？回来了也还是干农活，那么读书有什么用，最后还不是当农民？娜布拉内心却无比坚定，作为"莫窝村青年人才回引对象"的她，希望能成为一座"桥梁"，用自己学到的知识，带领着村民一起富起来。

这几年家乡的脱贫工作做得扎实，阿拉松早已不是旧时的模样，家家户户进新居，产业的发展也是日新月异。经济管理专业的娜布拉把自己所学知识运用到"对接市场"上，比如，昆明的鸡枞菌卖价很高，

图3-66 怀揣着"阿拉松梦"返乡创业的佤族女孩娜布拉

自己家乡就有鸡枞菌，把从阿拉松收购的鸡枞菌带到昆明市场销售，娜布拉的第一桶金赚到了。

毕业的第二年，娜布拉和父亲岩星商量扩大蜜蜂养殖，父亲不同意，每年养这两桶，也就是自家割蜜吃，又换不成钱，费那个劲干嘛？

2019 年，娜布拉参加了西盟县网络创业培训，她学会了视频直播养蜂过程，定期更新蜂群的动态，开始了"订单销售"产品。蜜还没有出来，订单和订金都摆在了父亲面前，于是岩星忙不迭地增加了蜂箱养殖，养蜂的规模从 2 桶变成了 50 桶。阿拉松生态绿色的自然环境让娜布拉家的蜂蜜成了热销产品。

有了销售渠道，娜布拉开始无偿帮助村民们销售农特产品，网络订单源源不断地从昆明、浙江、广西、北京等地传来，蜂蜜、红薯、石斛、茶叶等各种农副产品发往全国各地，娜布拉的网络销售之路越走越宽。

除了带领村民们富起来，让孩子们走出阿拉松也是娜布拉的梦想。2016 年回到家乡后，娜布拉看到寨子里跑满了学龄前的孩子，为了让孩子获得良好的学前教育，莫窝村开办了幼儿园，但群众并没有把孩子送到幼儿园的意识，幼儿园每年的招生都成为问题。娜布拉看在眼里急在心里，她每天和村组干部一起，进村入户动员群众。"我们上一代因为贫穷，没有钱上学，一辈子都难以走出大山，现在日子好过了，更要注重孩子的教育，上一辈吃过的苦，走过的弯路，不能再让孩子们重蹈覆辙了。"

一次不行就两次，两次不行就三次……在娜布拉的不断劝说下，村民们开始把孩子送到幼儿园。还把"让 3 岁以上 6 岁以下的孩子接受学前教育"写进莫窝村的《村规民约》里，64 个孩子走进教室，娜布拉和村组干部一起给幼儿园取名为"莫窝村未来希望幼儿园"，娜布拉希望每

图 3-67　扫二维码观看娜布拉追梦"阿拉松"

个孩子都能走出大山接受更好的教育，做更好的自己。

"我有一个梦，我把它叫'阿拉松梦'。现在我们才刚起步，只是梦的开始，住上好房子，只实现了梦的第一步，我希望能把阿拉松的好东西带出大山，打响我们阿拉松原生态的牌子，我正在为了这个梦努力奋斗着。"

现在的阿拉松，家家户户住进了新房，村民的思想观念慢慢开始转变，发展产业的积极性越来越高，日子越过越好，娜布拉知道，"阿拉松梦"正在一点一滴地变成现实，阿拉松这个"被石头围着的村寨"正在变成"被石头守护的村寨"。

岩枪：奋斗中的西盟新青年

白天在蜂场养蜂，晚上在网络直播间开始卖蜂蜜。谈到现在既忙碌又充实的生活，西盟县勐卡镇莫美村的"90后"小伙岩枪，笑容像蜜一样甜。

图3-68 "90后"小伙岩枪在蜂厂查看蜂箱

岩枪是西盟县勐卡镇莫美村村民，在父亲的影响下，从小会养蜂，但单靠养几桶土蜂是不能过上好日子的。岩枪初中毕业以后，和村里的年轻人一样外出打工，因为缺技术，每个月只能拿到3000多元的工资，扣除房租、吃饭和路费，每年基本带不回什么钱。

2018年，岩枪回到家，县里组织召开外出务工人员座谈会，岩枪知道县里引进了丁氏蜂业帮助群众养蜂致富。父母年纪大了，岩枪想在家附近找点事做，方便照顾父母，于是报名参加了县里组织的中蜂养殖培训，因能吃苦好学习，被公司招聘到蜂场工作。现在岩枪负责 300 多箱蜜蜂的大蜂场，还两次被公司评选为优秀员工。

图 3-69　扫二维码观看岩枪奋斗故事

2019 年，公司在西瓜视频开设了佤寨兄妹直播间，岩枪每天除了管理蜂场，还开始学习直播带货。2020 年 3 月 26 日，西盟县的"战役助农县长来了"直播活动就是在佤寨兄妹直播间进行的，两个半小时，销售蜂蜜 3.9 万件，销售额达到 237.4 万元。不断接触新领域，让岩枪越来越感觉到自己知识匮乏。现在岩枪一边学习视频编辑制作，一边学习西盟的民族文化知识。

在西盟县的脱贫攻坚战中，有许多奋斗的身影，其中很多是成长起来的新一代佤族青年。力所乡南亢村党总支书记、村主任娜袜，一

图 3-70　"幸福是奋斗出来的"——收获幸福的佤族姑娘们

个"90后"女娃，在村里一干就是8年，带领南亢村3000多名群众脱贫致富；勐梭镇班母村一组"90后"组长扎克，带着村民们修路、种茶、盖新房，做最小的"官"，做最暖的事，深得群众的喜爱和信任；中课镇窝笼村岩转，依靠西盟县产业扶贫的好政策，发展腺鸡特色养殖产业，成了窝笼村的致富"领头雁"；力所乡南亢新寨残疾人扎给通过学习摩托车修理技术，开起了"小扎修车"店，用单脚闯出了致富路。

岩枪、娜袜、扎克、岩转、扎给……一大批正在努力奋斗的西盟青年，汇聚成脱贫攻坚一股持久的力量源泉，在打造2.0版新西盟的征程中闪耀发光。

"村村寨寨哎，打起鼓敲起锣，阿佤唱新歌，共产党光辉照边疆，山笑水笑人欢乐，茶园绿油油哎，梯田翻金波哎哎哎，阿佤人民唱新歌，唱新歌……"

西盟始终坚定"不获全胜决不收兵"的信念，历经考验、稳扎稳打，打赢了一场又一场的硬仗；始终保持"誓与贫困作斗争，誓与脱贫共荣辱"的气概，军令如山、行有章法，啃下了一块又一块的硬骨头；始终坚持

图 3-71　西盟幸福之路向阿佤山缓缓延伸

"不以事艰而不为，不以任重而退缩"的韧劲，敢闯敢试、勇于担当，涌现出了许多好干部、好办法；始终弘扬"奋斗者永不懈怠"的精神，上下齐心、聚指成拳，展现了团结就是力量、合力就是战斗力的团队精神；始终树立"跨越发展、争创一流；比学赶超、奋勇争先"的作风，干在实处、走在前列，赢得了社会各界的广泛好评。

"全面实现小康，一个民族都不能少。"西盟县以滴水穿石的精神，久久为功拔穷根，探索出一条成功实践习近平总书记关于扶贫工作重要论述的世纪之路，率先在"直过民族"地区实现脱贫摘帽，书写出了精准扶贫、精准脱贫的"西盟模式"，一道经济发展、民族团结、文化繁荣、边疆安宁、生态文明、各族人民幸福生活的亮丽风景线正在祖国西南边疆大地上壮美呈现。

"贫困不除、愧对历史，群众不富、寝食难安，小康不达、誓不罢休。"西盟的实践证明：再贫困的地区、再艰难的脱贫，只要坚定不移执行中央决策，把握大势，立足实际，因势利导，科学决策，苦干实干，就能弥补短板、发挥优势，创造出骄人成绩。

未来的路从脚下延伸。肩负着祖祖辈辈的理想与期盼，承载着西盟人民发展的光荣与梦想，通过精准扶贫、精准脱贫，奏响中国减贫西盟章节的震撼乐章，走出了具有西盟特色的"直过民族"减贫道路，未来还会继续坚定不移地走下去。

尾 声

再唱新歌颂党恩

1956 年，从原始社会末期、奴隶社会初期直接过渡到社会主义社会，西盟县实现了第一次"千年跨越"；2018 年，率先在全国"直过民族"地区实现整体脱贫摘帽，西盟县实现了第二次"千年跨越"。

西盟县向党中央和全县各族人民兑现了"绝不让一个兄弟民族掉队"的攻坚承诺，创造了"军令如山、行有章法"的攻坚战法，实施了"奋斗者永不懈怠、越是艰险越向前"的攻坚举措，展示了"把扶贫对象转化为扶贫力量"的攻坚力量，锻造了"不以事艰而不为、不以任重而畏缩"的攻坚精神，扎扎实实打下了一场脱贫硬仗。

西盟县的脱贫攻坚之路是不忘初心的党史、是摆脱封闭落后的新中国史、是团结拼搏的改革开放史、是战胜贫困走向小康的社会主义发展史。阿佤人民唱响了新时代的新歌！

成绩来之不易，奋斗饱含艰辛。西盟县的脱贫是在中国共产党领导下中国智慧和中国方案的具体实践，是中国共产党领导全国各族人民不断创造美好生活的一个生动缩影。

回望，是为了更好地前行！习近平总书记强调："脱贫只是第一步，更好的日子还在后头。""脱贫摘帽不是终点，而是新生活、新奋斗的起点。"西盟将秉持"不以事艰而不为，不以任重而畏缩"的攻坚精神，持续巩固脱贫成效，有效衔接乡村振兴，继续奋勇前进，开创更美好的未来！

扫二维码欣赏脱贫攻坚进行曲《胜利就在前方》

胜利就在前方

——脱贫攻坚进行曲

杨 宇 词
邱 云 曲

1=C 2/4

```
0 6  ‖: 3 3 · 2 | 3 6 | 1 2 · 1 | 6 0 6 | 6 6 6 | 6 6 | 2 2 5 #4 | 3 - |
    把      家人   的   叮咛  收进      行    囊  用   脚丈量  这个  美丽的地  方
    把      组织   的   重托  扛在      肩  上  用   心绣好  这个  美丽的地  方
            村民   的   期望  刻在      心  上  用   情唱好  这个  美丽的地  方
            自己   的   梦想  融入      希    望  用   爱编织  这个  美丽的地  方

6 6 5 | 6 3 | 5 1 2 | 3 - | 2 2 2 3 | 5 5 5 7 | 6 - | 6 0 6 :‖ 6 · 6 | 6 3 |
进村    入户   访贫问  苦   这里有    热情的老    乡         把  军 令  如山
修路    架桥   产业兴  旺   这里有    可爱的老    乡         把
上山    采茶   下地插  秧   这里有    勤劳的老    乡  乡      把
嘘寒    问暖   拉拉家  常   这里有    善良的老    乡

7 7 5 | 6 - | i · i | i 6 | 5 · 6 6 5 | 3 - | 2 · 2 2 6 | 3 3 1 | 2 - |
行有章  法   奏 响  生命  最 美华  章   军 令 如山  行有章  法

5 5 · | 3 3 · | ┌1 i 5 | 6 - :‖ i - | 7 - | 6 - | 6 - ‖
胜利    就在     前   方  前      方
```

156

后　记

　　脱贫攻坚是实现我们党第一个百年奋斗目标的标志性指标，是全面建成小康社会必须完成的硬任务。党的十八大以来，以习近平同志为核心的党中央把脱贫攻坚纳入"五位一体"总体布局和"四个全面"战略布局，摆到治国理政的突出位置，采取一系列具有原创性、独特性的重大举措，组织实施了人类历史上规模空前、力度最大、惠及人口最多的脱贫攻坚战。经过 8 年持续奋斗，现行标准下 9899 万农村贫困人口全部脱贫，832 个贫困县全部摘帽，12.8 万个贫困村全部出列，区域性整体贫困得到解决，完成了消除绝对贫困的艰巨任务，脱贫攻坚目标任务如期完成，困扰中华民族几千年的绝对贫困问题得到历史性解决，取得了令全世界刮目相看的重大胜利。

　　根据国务院扶贫办的安排，全国扶贫宣传教育中心从中西部 22 个省（区、市）和新疆生产建设兵团中选择河北省魏县、山西省岢岚县、内蒙古自治区科尔沁左翼后旗、吉林省镇赉县、黑龙江省望奎县、安徽省泗县、江西省石城县、河南省光山县、湖北省丹江口市、湖南省宜章县、广西壮族自治区百色市田阳区、海南省保亭县、重庆市石柱县、四川省仪陇县、四川省丹巴县、贵州省赤水市、贵州省黔西县、云南省西盟佤族自治县、云南省双江拉祜族佤族布朗族傣族自治县、西藏自治区朗县、陕西省镇安县、甘肃省成县、甘肃省平凉市崆峒区、青海省西宁市湟中区、青海省互助土族自治县、宁夏回族自治区隆德县、新疆维吾尔自治区尼勒克县、新疆维吾尔自治区泽普县、新疆生产建设兵团图木舒克市等 29 个县（市、区、旗），组织 29 个县（市、区、旗）和中国农业大学、华中科技大学、华中师范大学等高校共同编写脱贫攻坚故事，旨在记录习近平总书记关于扶贫工作的重要论述在贫困县的生动实践，29 个县（市、区、旗）是全国 832 个贫困县的缩影，一个个动人的故事和一张张生动的照片，印证着人民对美好生活的向往不断变为现实。

脱贫摘帽不是终点，而是新生活、新奋斗的起点。脱贫攻坚目标任务完成后，"三农"工作重心实现向全面推进乡村振兴的历史性转移。我们要高举习近平新时代中国特色社会主义思想伟大旗帜，紧密团结在以习近平同志为核心的党中央周围，开拓创新，奋发进取，真抓实干，巩固拓展脱贫攻坚成果，全面推进乡村振兴，以优异成绩迎接党的二十大胜利召开。

由于时间仓促，加之编写水平有限，本书难免有不少疏漏之处，敬请广大读者批评指正！

本书编写组

责任编辑：詹　夺
封面设计：林芝玉
版式设计：王欢欢
责任校对：余　佳

图书在版编目（CIP）数据

中国脱贫攻坚．西盟故事／全国扶贫宣传教育中心 组织编写．—北京：
　人民出版社，2022.10
　（中国脱贫攻坚县域故事丛书）
　ISBN 978－7－01－023311－6

　I. ①中…　II. ①全…　III. ①扶贫－工作经验－案例－西盟县　IV. ① F126

中国版本图书馆 CIP 数据核字（2021）第 062970 号

中国脱贫攻坚：西盟故事

ZHONGGUO TUOPIN GONGJIAN XIMENG GUSHI

全国扶贫宣传教育中心　　组织编写

人民出版社 出版发行
（100706　北京市东城区隆福寺街 99 号）

北京盛通印刷股份有限公司印刷　新华书店经销

2022 年 10 月第 1 版　2022 年 10 月北京第 1 次印刷
开本：787 毫米 ×1092 毫米 1/16　印张：10.75
字数：150 千字

ISBN 978－7－01－023311－6　定价：41.00 元

邮购地址 100706　北京市东城区隆福寺街 99 号
人民东方图书销售中心　电话（010）65250042　65289539